高职高专机电类专业规划教材

电工技术实训教程

卢冬梅　主编
熊再荣　李　毅　副主编

化学工业出版社
·北京·

本书是以教育部制定的《高职高专教育电工电子技术课程教学要求》为依据，根据高等职业技术教育对实验、实训教学的需要而编写的。内容包括实训指南、安全用电常识、电工仪表与测量的基本知识和电工技术实训项目（共二十个）。

本书可作为高职高专院校工科类专业的“电工基础”及“电工学”课程实验与实训环节教材，也可作为中等职业学校的同类课程实验、实训教材。

图书在版编目（CIP）数据

电工技术实训教程/卢冬梅主编. —北京：化学工业出版社，2012.8（2017.2重印）

高职高专机电类专业规划教材

ISBN 978-7-122-14881-0

Ⅰ.①电… Ⅱ.①卢… Ⅲ.①电工技术-高等职业教育-教材 Ⅳ.①TM

中国版本图书馆CIP数据核字（2012）第161738号

责任编辑：刘　哲　洪　强　张建茹　　装帧设计：王晓宇

责任校对：边　涛

出版发行：化学工业出版社（北京市东城区青年湖南街13号　邮政编码100011）

印　　装：三河市延风印装有限公司

787mm×1092mm　1/16　印张7　字数147千字　2017年2月北京第1版第4次印刷

购书咨询：010-64518888（传真：010-64519686）　售后服务：010-64518899

网　　址：http://www.cip.com.cn

凡购买本书，如有缺损质量问题，本社销售中心负责调换。

定　　价：15.00元

前　言

实训教学是高等职业技术院校培养技能型应用人才的重要环节，对学生分析问题和解决问题能力的培养具有其他教学环节不可替代的重要作用。本实训教程是根据《电工基础及电气测试》、《电工学与电子技术基础》课程教学大纲要求编写的。

“电工基础”类课程属于专业基础课，在整个专业课程教学环节中起着桥梁的作用。教学中，学生普遍反映难听懂，比如电流、电压的参考方向与实际方向的关系，电压与电位的区别等。为了帮助学生快速理解课堂教学内容，可通过实际动手操作，帮助学生加深理解课堂教学的难点，从而提升学生的学习兴趣，同时加强学生的动手能力，为后续专业实训打下良好的基础。本教程基于此出发点而编写。

依据“必需、突出应用，突出能力培养”的原则，全书包括实训指南、安全用电常识、电工测量与仪表的基本知识和电工技术实训项目四个部分。其中实训项目二十个，内容力求体现实用性，结合实际，强化训练，同时兼顾课堂教学知识点与实训重点、难点，并将预习考核的内容以填空、选择等题目形式，填充到每一个实训项目中，便于学生检测自己的预习情况。各实训内容的安排相对独立，便于不同专业、不同学时的课程根据需要来选择。

本书可作为高职高专院校工科类专业的“电工基础”及“电工学”课程实验与实训环节教材，也可作为中等职业学校的同类课程实验、实训教材。

本教程由卢冬梅主编，熊再荣、李毅副主编，姜红兵、范诚参与了部分实训项目的编写，章国华教授主审。本书在编写过程中参考了有关资料，在此对原作者表示衷心的感谢！也对在出版过程中给予大力帮助的虞天国老师表示感谢！

限于编者的学识水平，本书难免有一些不妥之处，敬请使用者批评指正。

编　者

二〇一二年六月

目　录

实 训 指 南

一、教学目标

1. 通过实训课程的学习，帮助学生巩固并加深理解电路基本理论，掌握将原理图变成接线图的基本技能，熟悉分析、排除简单故障的方法。

2. 掌握常用电工仪器仪表的正确使用方法和基本电参数的测量方法与技巧。

3. 掌握安全用电知识和技术，养成严谨操作的良好习惯。

4. 培养学生运用所学理论进行分析和解决实际问题的能力。

二、实训须知

1. 实训前预习实训项目中涉及的有关理论知识，了解实训目的、注意事项和具体内容，做好数据记录表格等准备工作，并完成“预习检测与思考”内容。

2. 对于交流电实训内容，电路接线完毕，必须经指导老师检查同意，方可接通电源进行操作。在改接线路之前，必须先关断电源，不得带电操作。

实训过程中若发生意外，应立即关断电源，报告指导教师，共同分析事故发生原因。

3. 实训完毕，先自查测量数据是否符合要求，再请指导老师检查，经老师认可后再拆线，并整理实训设备，离开实训室。

4. 仪器设备是国家财产，必须倍加爱护，若有损坏情况，应立即报告指导老师检查处理。

5. 实训时要严肃认真，注意安全，不允许在实训场所嬉闹。

6. 作业要求　每完成一个实训项目后，必须提交一份作业，即实训报告。报告中简明列出实训操作过程、获得的数据及数据分析。如果出现故障，要概括故障处理的方法及经验。希望能提出不同建议。

三、实训考核方式

实训不单独考试，学生实训成绩由以下几部分组成：

操作能力评分	作业评分	预习情况评分	其他
50%	30%	10%	10%

具体说明如下。

1. 操作能力的评分成绩由指导老师根据每个学生的操作情况当场评定，占总分成绩的50%。每出现一次不规范操作现象扣5分，因操作不当而出现意外事故等，每次扣 20 分，直到扣完为止。

2. 作业评分包括两部分：一部分为作业质量评分，占 20%；另一部分为按时完成情况评分，占 10%。缺一次作业扣 30 分，未按时完成者酌情扣分。质量评分包括内容完整，文字表述严谨，书写整洁，结果和结论正确与否等。

3. 预习检测评分，由实训指导老师根据学生完成预习检测内容的情况和抽查提问给定。

4. 其他包括：建议加分；纪律、不规范操作等问题的扣分。

5. 每个实训项目成绩由上述四部分构成，学期综合成绩由实训指导老师根据各项所占的权重综合评定，分为 A、B、C、D 四等。

安全用电常识

为了防止意外事故发生，每个学生在实训前，应熟悉安全用电常识，在实训过程中，必须严格遵守安全操作规程。

人体是导体，当人体不慎触及电源或带电导体时，电流流过人体，因而使人受到伤害，这就是电击。这种电击对人的伤害程度与通过人体电流的大小、通电时间的长短、电流流过人体的途径、电流的频率以及触电者健康状况等有关。

工频交流电是比较危险的。当人体有 1mA 工频电流流过时就有不愉快的感觉；50mA 的电流流过时就可能发生痉挛、心脏麻痹；如果时间过长就会有生命危险。

实训中，如果操作者忽视安全用电制度或粗心大意，例如由于疏忽，未将电源关断就接线或拆线，往往容易触电。如果是三相电源，容易造成双线触电，操作者人体承受线电压，危险最大。

在测量电压时，测试笔必须接在电压表的接线柱上，不得接在电源板的接线柱上。将测试笔接在电源板的接线柱上是非常危险的：如果两支带电的测试笔相碰，会造成电源短路事故；如果拿着这带电的测试笔测量电压，容易造成双线触电。

实训中，同组人必须配合默契，否则也容易造成触电事故。如一同学手持导线待接，而另一同学去接通电源，这样就很容易造成单线触电。

电气设备（如电机或电子仪器等）在正常工作的情况下外壳不带电，一旦这些设备的绝缘性能不好，有漏电现象时，外壳就会带电。这时，如果人体接触了外壳也会触电，这属于单线触电。

各种形式的短路都会产生很大的电弧，电弧会对人体灼伤，这也是触电的一种。

万一遇到触电事故时，首先应迅速切断电源，或用绝缘的器具迅速将电源线断开，使触电者脱离电源。

学生走进实训室，就应注重安全意识，时时注意安全。

开始接线时，先把所用设备、仪表之间的线路接好，检查电路无误后，再接通电源，测量数据。

实训完毕，首先断开电源开关，然后拆开电源线，再拆除设备和仪表间的连线。

如果实训中途需要改接电路，切记先关断电源，再改接线路，然后通电测量。

这是接线、拆线的基本步骤，要养成良好的操作习惯。

实训室的电源总开关由实训指导老师控制，学生不得自行合上电源总开关。

第一篇　电工测量与仪表的基本知识

第一节　电工测量的基本知识

电工测量的基本知识包括电工测量的方法、测量误差的产生和消除、误差的表示等。了解这些知识，可以帮助我们在实训中正确选择和使用仪表，掌握正确的测量方法，获得最佳的实训效果。

一、测量方法

电工测量的测量方法分为直接测量法和间接测量法。

1. 直接测量法

直接测量法是指被测量的大小可以直接从一次测量的结果中得到。如用电流表测电流，用电压表测电压等，都属于直接测量法。

直接测量法具有简便、读数迅速等优点，是最常用最基本的测量方式。但是它的准确度除受到仪表的基本误差限制外，还由于仪表接入测量电路后，仪表的内阻被引入测量电路中，使电路的工作状态发生了改变，因此直接测量法准确度较低。

2. 间接测量法

间接测量法是指测量时，只能测出与被测量有关的量，然后经过计算求得被测量。例如用伏安法测电阻，先用电压表和电流表测出电阻两端电压和流过电阻的电流，再用欧姆定律算出电阻的值。

间接测量法的误差比直接测量法的误差大，它是各个测量仪表和各次测量中误差的综合。

实际测量中，到底选用哪种测量方法，要由被测量对测量结果准确度的要求及实训条件是否可能等各种因素决定。

二、测量误差

测量中，无论采用什么仪表和测量方法，也无论怎样仔细地计算，都会使测量结果与被测量的真实值之间存在差别，这种差别就是测量误差。根据测量误差的性质和特点，可分为系统误差、随机误差和疏忽误差三类。

（一）系统误差

指在相同测量条件下多次测量同一量时，绝对误差的大小和符号在测量过程中保持不变的误差，或在条件改变时按某种确定规律变化的误差。系统误差按其误差来源可分为以下四种。

1. 基本误差

仪表在规定的正常工作条件下，由于测量仪表本身结构和制作工艺上的不完善而产生的误差，如仪表偏转轴的磨损引起的误差。它是仪表本身所固有的。

2. 附加误差

由于仪表使用时未能满足其所规定的使用条件而产生的误差，如外界电磁场的干扰所引起的误差。

3. 方法和理论误差

由于测量方法不完善或测量所依据的理论不严密或用近似公式计算测量结果等原因而造成的误差。例如，未考虑仪表内阻对被接入电路的影响而造成的误差。

4. 个人误差

测量人员个人因素而导致的误差，例如测量人员反应速度的快慢、分辨能力的高低、个人的固有习惯等，致使读数总是偏大或偏小。这类误差往往因人而异，并与个人当时的心理和生理状态密切相关。

系统误差决定了测量的准确度。系统误差越小，测量结果越准确。

仪表误差有两种表示方法。

1. 绝对误差

仪表指示值（即测量值）A_x 与被测量的真实值 A_0 之间的差值称为绝对误差，用 Δ 表示，即

$$\Delta = A_x - A_0$$

绝对误差的单位与被测量的单位相同。绝对误差在数值上有正负之分。

由于被测量的真实值 A_0 往往很难确定，所以在实际测量中，通常用标准的指示值或多次测量的平均值作为被测量的真实值。

用绝对误差无法比较两次测量结果的准确性，要使两次测量能够进行比较，必须采用相对误差。

2. 相对误差

绝对误差 Δ 与被测量真实值之比，称为相对误差，用符号 γ 表示：

$$\gamma = \frac{\Delta}{A_0} \times 100\%$$

（二）随机误差

随机误差又称偶然误差，是由于周围环境的偶发原因引起的，其特点是在相同测量条件下多次测量同一量时，误差的大小和符号的变化没有规律性，是一种大小与符号都不确定的误差。这种误差主要是由于周围环境的偶发原因引起的。

根据偶然误差的特点，它是不可能在一次测量结果中消除的，必须采用重复测量的方法，并取各次测量结果的算术平均值。测量的次数越多，其平均值就越接近实际值。

（三）疏忽误差

又称过失误差，这是一种严重歪曲测量结果的误差，是由于测量者在测量过程中的粗心和疏忽造成的。如读数错误、记录错误等。

疏忽误差完全是人为因素造成的。因此，为了消除疏忽误差，必须提高操作者的测试技能和工作责任心。对于疏忽所得的测量结果，应予舍弃。

第二节　电工仪表的测量机构及工作原理

一、电工仪表的表面标记

在指针式电工仪表的表面上，标记有各种符号，用来表明仪表的工作原理、测量种类、测量对象、准确度等级和使用条件等。表 1-2-1 为常见电工仪表的表面标记符号。

表 1-2-1　常见电工仪表表面标记符号

种类	符号	符号意义
测量种类	—	直流
	~	交流
	≂	交直流两用
测量对象	Ⓐ	电流表
	Ⓥ	电压表
	Ⓦ	有功功率表
	kW·h	电度表
工作原理		磁电式
		电磁式
		电动式
	⊙	感应式
		整流式

种类	符号	符号意义
准确度等级	1.5	以标度尺量限的百分数表示
	(1.5)	以指示值的百分数表示
放置方式	⊓	水平放置
	⊥	垂直放置
绝缘试验	☆2	绝缘强度试验电压 2kV
使用环境	△A	温度 0～+40℃ +25℃时相对湿度 95%
	△B	温度 −20～+50℃ +25℃时相对湿度 95%
	△C	温度 −40～+60℃ +60℃时相对湿度 95%
端钮符号	+	正端钮
	—	负端钮
	*	公用端钮
调零器	⌒	调整零位

准确度等级说明

仪表在规定的条件下工作时，仪表测量结果的准确程度称为仪表的准确度。引用误差越小，仪表的准确度越高。而引用误差与仪表的量程范围有关，所以在使用同一准确度的仪表时，往往压缩量程范围，以减小测量误差。在工业测量中，为了便于表示仪表的质量，通常用准确度等级来表示仪表的准确程度。准确度等级就是最大引用误差去掉正、负号及百分号。准确度等级是衡量仪表质量优劣的重要指标之一。电工测量指示仪表等级分为0.1、0.2、0.5、1.0、1.5、2.5、5.0七个等级，并标志在仪表刻度标尺或铭牌上。仪表准确度习惯上称为精度。准确度等级习惯上称为精度等级。

仪表精度=(绝对误差的最大值/仪表量程)×100%

以上计算式取绝对值去掉%，就是精度等级。精度数字越小说明仪表精确度越高。

二、电工仪表的测量机构和工作原理

指针式电工仪表的基本工作原理是利用被测电流产生电磁作用力矩，驱动转轴带动指针偏转。其常见的结构形式有磁电式、电磁式、电动式、感应式和整流式等多种。

1. 磁电式仪表

(1) 磁电式仪表的结构与工作原理

图1-2-1为磁电式仪表的测量机构和工作原理示意图。

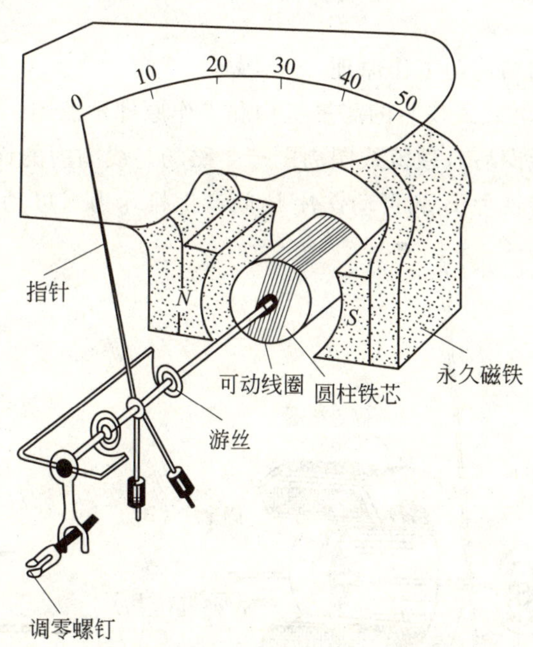

图1-2-1　磁电式仪表测量机构和工作原理示意图

永久磁铁的磁场与通有直流电流的可动线圈相互作用而产生偏转力矩（$M=k_1 I$），使可动线圈（简称线圈）发生偏转。同时与动圈固定在一起的游丝因动圈偏转而变形，产生反作用力矩（$M_a=k_2\alpha$）。当反作用力矩与转动力矩相等时，活动部分最终停留在相应的位置，指针在标度尺上指示出被测量的数值。指针的偏转角与通过动圈的电流成正比（$\alpha=\frac{k_1}{k_2}\times I$），因此，标尺上的刻度是均匀的（即线性标尺）。

动圈里的铝框架具有阻尼作用，铝框架产生的力矩总是与动圈偏转方向相反，从而阻止动圈来回摆动，使动圈尽快静止下来。

（2）磁电式仪表的特性

磁电式仪表的特性主要包括以下几方面：

① 只能测量直流；

② 刻度均匀，标度尺成线性；

③ 受外磁场影响小；

④ 过载能力差，不能承受振动；

⑤ 功耗低，灵敏度及准确度较高，准确度可达 0.1 级；

⑥ 加接整流器后可用于交流测量。

（3）磁电式仪表的应用

① 作直流电流表用　一般表头的额定电流只有几十到几百微安，因此不能测量大的电流。当需要测量大电流时，表头需并联分流电阻来扩大仪表的量程。

② 作直流电压表用　磁电式测量机构的内阻一般为近百欧到几千欧，所以表头的电压降只有几十到几百毫伏。若要扩大电压量程，可在表头上串联一个适量的附加电阻。

2. 电磁式仪表

（1）电磁式仪表的结构与工作原理

图 1-2-2 为排斥型电磁式仪表的测量机构和工作原理示意图。

当电流通入固定线圈后，载流线圈周围产生磁场。线圈内的铁片 B_1 和 B_2 均被磁化，并呈相同的极性。固定铁片 B_2 和可动铁片 B_1 间产生排斥力，可动铁片 B_1 转动，同时带

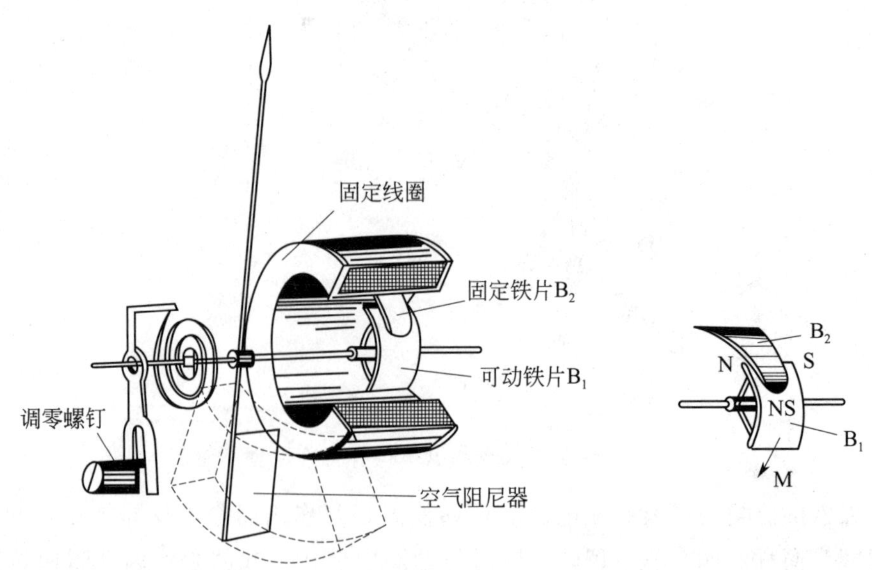

图 1-2-2　排斥型电磁式仪表的测量机构和工作原理示意图

动转轴与指针一起偏转。当转动力矩与游丝产生的反作用力矩平衡时，指针指示被测量数值。当通过固定线圈的电流方向改变时，载流线圈产生的磁场也随之改变，线圈内的铁片 B_1 和 B_2 仍同时被磁化，仍相互排斥，转动力矩的方向不变。也就是说，仪表可动部分的偏转方向不随电流方向的改变而改变。可见，这种仪表适用于交流电路的测量。转动力矩与通入电流的平方成正比，平衡时指针的偏转角与通入载流线圈的电流平方成正比，所以标度尺刻度是不均匀的。

(2) 电磁式仪表的特性

电磁式仪表的特性主要包括以下几方面：

① 能够测量直流电和交流电；

② 标度尺刻度是非线性的；

③ 受外磁场影响大；

④ 准确度低于磁电式仪表和电动式仪表；

⑤ 结构最简单，过载能力强，制造成本低；

⑥ 灵敏度较低，功率损耗较大；

⑦ 可用来测量正弦及非正弦交流电量的有效值。

(3) 电磁式仪表的应用

① 作电流表用　电磁式仪表不使用分流器或互感器就可做成 0.01～50A 满刻度偏转的电流表。

② 作电压表用　电磁式电压表是内阻相当低的电压表，一般为 50Ω～几百欧姆/V。通常采用电压互感器的方法扩大电压量程。

③ 作功率因数表用　电磁式仪表可以作为功率因数表使用。

3. 电动式仪表

(1) 电动式仪表的结构与工作原理

图 1-2-3 为电动式仪表的测量机构和工作原理示意图。

当固定线圈通以电流 i_1 时周围产生磁场。可动线圈通过电流 i_2 时，在磁场中受到作用力，并在它的驱动下使可动线圈偏转，直到偏转力矩和游丝产生的反作用力矩平衡为止。

当电流 i_2 通过可动线圈后，它与磁场相互作用产生偏转力矩（一个周期内偏转力矩的平均值）：

$$M_1 = K_1 I_1 I_2 \cos\psi$$

式中，ψ 为电流 i_1、i_2 之间的相位差，I_1、I_2 为瞬时电流 i_1、i_2 的有效值。

由游丝产生的反作用力矩 $M_2 = K_2\alpha$。平衡时，$M_1 = M_2$。指针的偏转角 α 为：

$$\alpha = \frac{K_1}{K_2} I_1 I_2 \cos\psi$$

可见，电动式仪表指针的偏转角仅与通过可动线圈和固定线圈的电流成正比，与两个电流之间的相位差余弦成正比。利用此特点可制成功率表，测量交流电路中的功率。

(2) 电动式仪表的特性

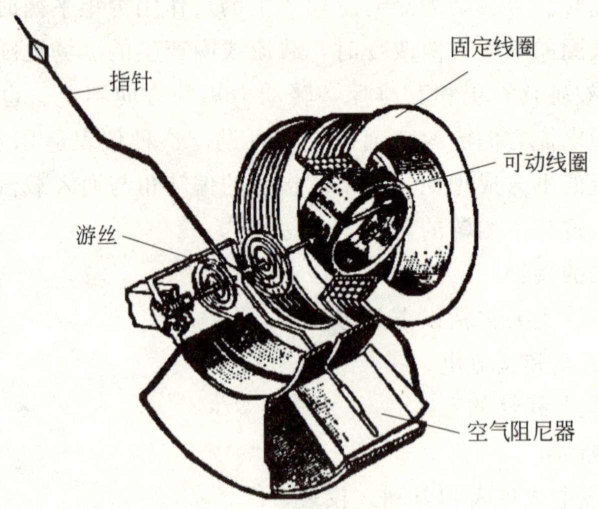

图 1-2-3　电动式仪表的测量机构和工作原理示意图

电动式仪表的特性主要包括以下几个方面：

① 可作交、直流两用表；

② 交流电表中准确度最高，因为磁路中没有铁磁物质，基本上不存在磁滞和涡流效应；

③ 标度尺刻度不均匀；

④ 灵敏度低，功率损耗大；

⑤ 受外磁场影响大，因为电动式仪表本身的磁场很弱，外磁场容易影响仪表的正常工作，一般采用屏蔽保护。

（3）电动式仪表的应用

① 作电流表用　电动式仪表作电流表用时，扩大量程不能采用分流器的方法，而多用线圈串、并联和电流互感器的方法。

② 作电压表用　电动式电压表的内阻比磁电式电压表的内阻要小。扩大量程同磁电式电压表一样，配以适当附加电阻即构成电动式交、直流电压表。

③ 作功率表用　由电动式仪表构成的单相交流功率表，使用时应在动圈（电压线圈）所在电路中串入较高阻值的电阻 R_{fj}，以使动圈中的电流与电源电压基本同相，使动圈中电流与被测电路端电压成正比，使固定线圈（电流线圈）通过负载电流。

4. 感应式仪表

（1）感应式仪表的结构与工作原理

图 1-2-4 为感应式单相电度表的结构和工作原理示意图。感应式仪表主要用来计量电能。

感应式单相电度表主要由一个或数个绕在铁芯上的线圈和嵌入电磁铁气隙内的铝片组成。当线圈中流入交流电流时，气隙中产生交变磁通，并在铝盘中感应出涡流。交变磁通对涡流产生转动力矩，使铝盘转动，转动力矩的大小正比于 $UI\cos\varphi$（U 是电源电压，I 是通过负载的电流，$\cos\varphi$ 是负载的功率因数）。由于永久磁铁与铝盘放置时切割

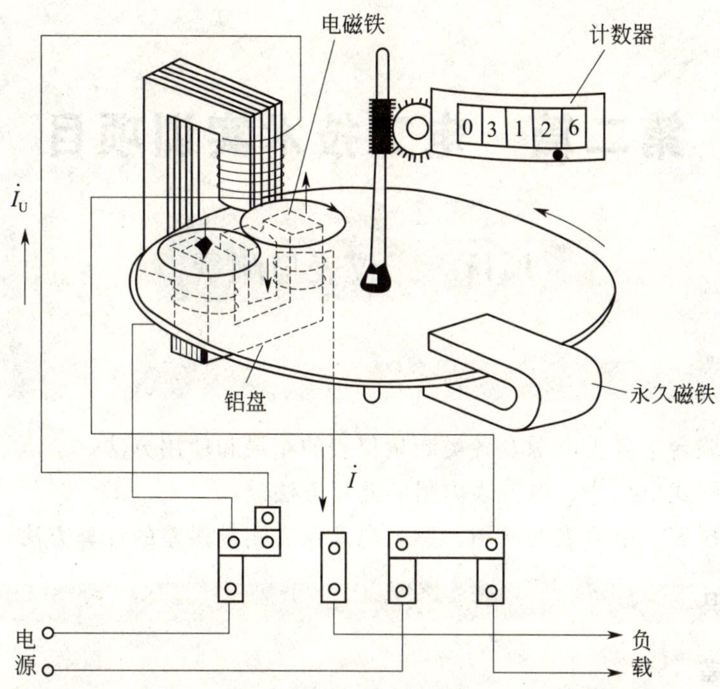

图 1-2-4　感应式单相电度表的结构和工作原理示意图

永久磁铁的磁通而感应出涡流，磁通同时与涡流相互作用产生制动力矩。铝盘旋转越快，感应的涡流越大，与永久磁铁相互作用产生的制动力矩也越大。当制动力矩等于转动力矩时，转速对应于负载消耗的功率。测量电能就是使铝盘转数与被测量成正比，铝盘总转数对应负载消耗的电能。

（2）感应式仪表的特性

感应式仪表的特性主要包括以下几个方面：

① 只能用于频率一定的交流电路中；

② 准确度较低，最高可达到 1.0 级；

③ 转动力矩大，过载能力强；

④ 受外磁场影响小。

感应式仪表一般只用作电度表，但必须在额定电压下使用，否则要产生很大的附加误差。

第二篇　电工技术实训项目

项目一　仪表与测量

一、目的

① 熟悉实验台上各类电源及各类测量仪表的布局和使用方法。

② 掌握指针式电压表、电流表内阻的测量方法。

③ 掌握电压表、电流表的使用，熟悉电工仪表测量误差的计算方法。

二、预备知识

1. 测量误差

为了准确地测量电路中实际的电压和电流，必须保证仪表接入电路后不会改变被测电路的工作状态。这就要求电压表的内阻为无穷大，电流表的内阻为零。而实际使用的指针式电工仪表都不能满足上述要求，因此，当测量仪表一旦接入电路，就会影响电路原有的工作状态，这就导致仪表的读数值与电路原有的实际值之间出现误差。误差的大小与仪表本身内阻的大小密切相关。只要测出仪表的内阻，即可计算出由其产生的测量误差。以下介绍几种测量指针式仪表内阻的方法。

2. 用“分流法”测量电流表的内阻

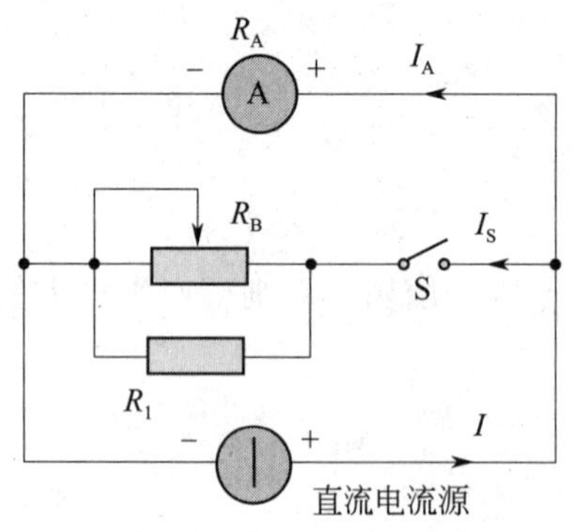

图 2-1-1　分流法测量

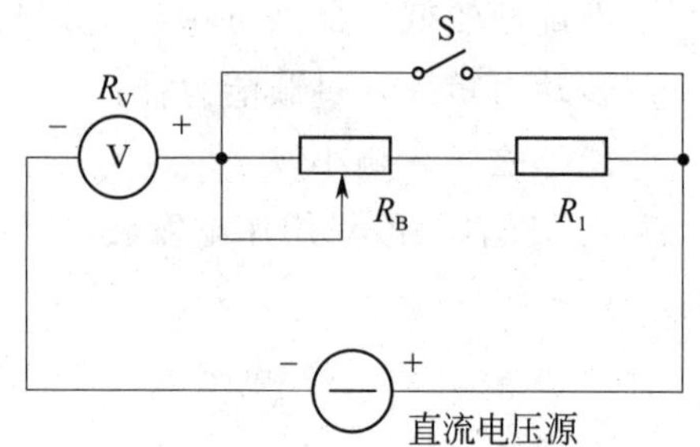

图 2-1-2　分压法测量

如图 2-1-1 所示。A 为被测内阻（R_A）的直流电流表。测量时先断开开关 S，调节直流电流源的输出电流 I 使 A 表指针满偏转。然后合上开关 S，并保持 I 值不变，调节电阻箱 R_B的阻值，使电流表的指针指在 1/2 满偏转位置，此时有

$$I_A=I_S=I/2$$

$$\therefore \quad R_A = R_B /\!/ R_1$$

R_1为固定电阻器之值，R_B可由电阻箱的刻度盘上读得。

3. 用分压法测量电压表的内阻

如图 2-1-2 所示。V 为被测内阻（R_V）的电压表。测量时先将开关 S 闭合，调节直流电压源的输出电压，使电压表 V 的指针为满偏转。然后断开开关 S，调节 R_B使电压表 V 的指示值减半。此时有：

$$R_V = R_B + R_1$$

电压表的灵敏度为：

$$S = R_V / U \ (\Omega/\text{V})$$

式中，U 为电压表满偏时的电压值。

4. 仪表内阻引起的测量误差（通常称之为方法误差，而仪表本身结构引起的误差称为仪表基本误差）**的计算**

（1）以图 2-1-3 所示电路为例

R_1上的电压为

$$U_{R1} = \frac{R_1}{R_1 + R_2} U$$

若 $R_1 = R_2$，则 $U_{R1} = \frac{1}{2} U$。

现用一内阻为 R_V 的电压表来测量 U_{R1} 值，当 R_V 与 R_1并联后，$R_{AB} = \frac{R_V R_1}{R_V + R_1}$，以此来替代上式中的 R_1，则得

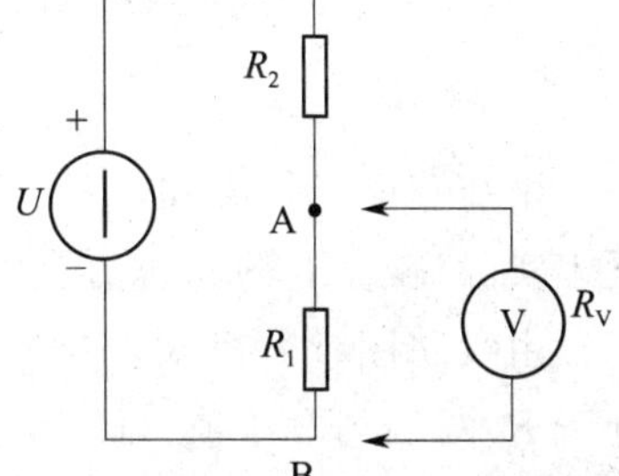

图 2-1-3　测量误差计算

$$U'_{R1} = \frac{\frac{R_V R_1}{R_V + R_1}}{\frac{R_V R_1}{R_V + R_1} + R_2} U$$

绝对误差为

$$\Delta U = U'_{R1} - U_{R1} = U \left(\frac{\frac{R_V R_1}{R_V + R_1}}{\frac{R_V R_1}{R_V + R_1} + R_2} - \frac{R_1}{R_1 + R_2} \right)$$

化简后得

$$\Delta U = \frac{-R_1^2 R_2 U}{R_V (R_1^2 + 2R_1 R_2 + R_2^2) + R_1 R_2 (R_1 + R_2)}$$

若 $R_1 = R_2 = R_V$，则得

$$\Delta U = -\frac{U}{6}$$

相对误差

$$\Delta U\% = \frac{U'_{R1} - U_{R1}}{U_{R1}} \times 100\% = \frac{U/6}{U/2} \times 100\% = 33.3\%$$

由此可见，当电压表的内阻与被测电路的电阻相近时，测量的误差是非常大的。

(2) 伏安法测量电阻的原理

测出流过被测电阻R_X的电流I_R及其两端的电压降U_R，则其阻值$R_X=U_R/I_R$。实际测量时，有两种测量线路，即相对于电源而言，①电流表A（内阻为R_A）接在电压表V（内阻为R_V）的内侧；②电流表A接在电压表V的外侧。两种线路见图2-1-4(a)、(b)。

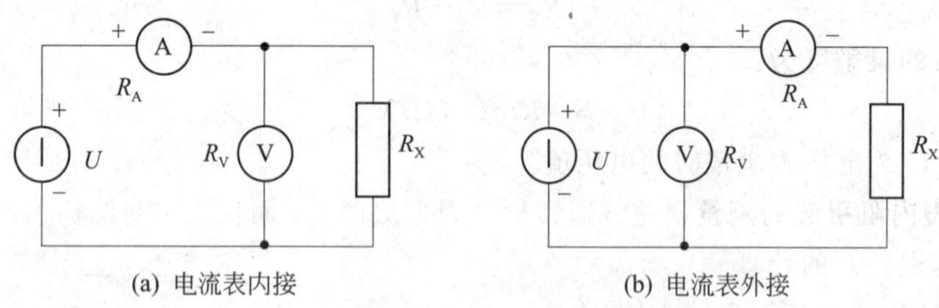

图 2-1-4 伏安法测电阻

由线路图(a)可知，只有当$R_X \ll R_V$时，R_V的分流作用才可忽略不计，A的读数接近于实际流过R_X的电流值。图(a)的接法称为电流表的内接法。

由线路图(b)可知，只有当$R_X \gg R_A$时，R_A的分压作用才可忽略不计，V的读数接近于R_X两端的电压值。图(b)的接法称为电流表的外接法。

实际应用时，应根据不同情况选用合适的测量线路，才能获得较准确的测量结果。

5. DGJ-3型电工技术实验装置控制面板布局认识

DGJ-3型电工技术实验装置控制面板如图2-1-5所示，它由三部分组成，分别是：

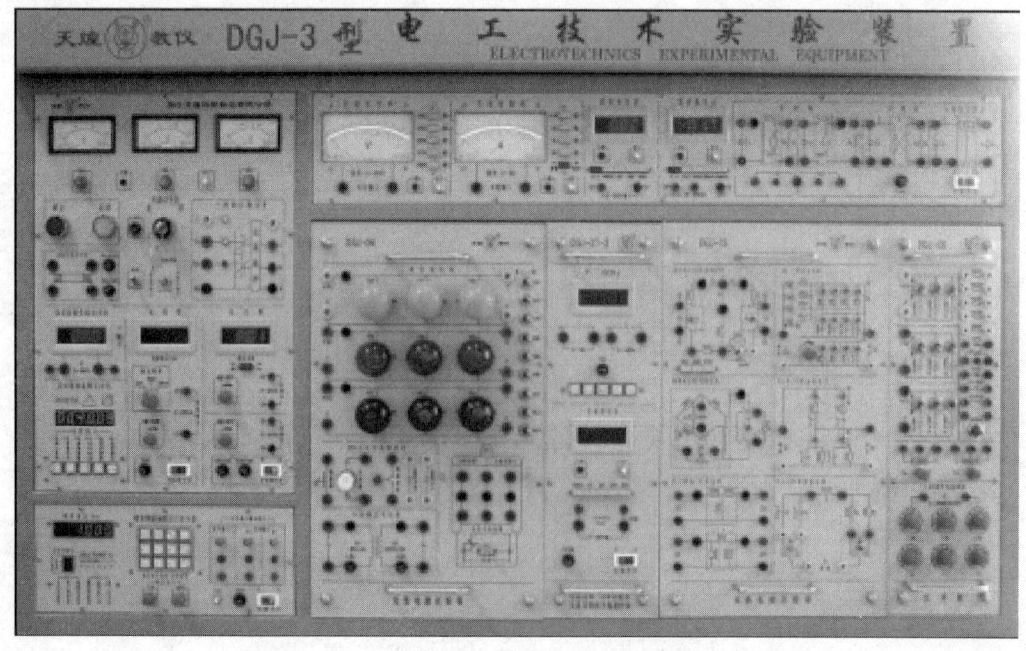

图 2-1-5 实验装置控制面板

电源部分（左边竖条部分）、仪表部分（右边上面部分）、元器件部分（右边下面部分）。

电源部分包含三块三相电源显示仪表（表中显示的是线电压）、电源控制按钮（停止按钮、启动按钮）、三相调压器、定时器兼报警记录仪、直流电流源和直流电压源以及数控函数信号发生器（含频率计）。

仪表部分主要包含四块仪表（两块交流指针仪表和两块直流数码显示仪表）和受控源等电路。

元器件部分由四个组件挂箱（组件挂箱标号为 DGJ-04、DGJ-07、DGJ-03、DGJ-05）组成，包含不同的电路板和元器件。

6. DGJ-3 型电工技术实验装置电源使用

DGJ-3 型电工技术实验装置电源由电源开关、启动按钮和停止按钮控制。

通电顺序：开启钥匙式三相电源总开关⟶停止按钮灯亮（红色）⟶按下启动按钮⟶红色按钮灯灭，绿色按钮灯亮⟶实验台通电。

断电顺序：关断用电设备的开关⟶按下停止按钮⟶关闭开启钥匙式三相电源总开关⟶实验台断电。

实验台上每一块仪表都有报警灯。测量中，如果被测值超过了仪表量程，报警灯亮并鸣叫报警，同时实验台电源切断。

解决方法：找到报警灯亮的仪表，调整仪表量程（增大），再按报警灯旁边的“复位按钮”消除报警，然后重新启动实验台电源。

三、设备

序号	名称	型号与规格	挂件标号
1	直流电压源	0～30V	
2	直流电流源	0～200mA	
3	直流电压表	0～200V	
4	指针式万用表	MF-47	
5	可调电阻箱	0～9999.9Ω	DGJ-05
6	电阻器	按需选择	DGJ-05

四、注意事项

① 在开启实验台的电源开关前，应将直流电压源的两个输出调节旋钮调至最小（逆时针旋到底），并将恒流源的输出粗调旋钮拨到 2mA 挡，输出细调旋钮应调至最小。接通电源后，再根据需要缓慢调节。

② 当恒流源输出端接有负载时，如果需要将其粗调旋钮由低挡位向高挡位切换时，必须先将其细调旋钮调至最小。否则输出电流突增，可能会损坏外接器件。

③ 电压表应与被测电路并接，电流表应与被测电路串接，并且都要注意正、负极性与量程的合理选择，特别是电流表量程与正极接线端的对应关系。

④ 实训内容1、2中，R_1的取值应与R_B相近。

五、预习检测与思考

① 在开启实验台的电源开关前，应将直流电压源的两个输出调节旋钮调至________（最大、最小），并将恒流源的输出粗调旋钮拨到________（2mA、20mA、200mA）挡，输出细调旋钮应调至________（最大、最小）。

② 当恒流源输出端接有负载时，如果需要将其粗调旋钮由低挡位向高挡位切换时，必须先将其________（粗调旋钮、细调旋钮）调至最小。

③ 电压表应与被测电路________（串接、并接），电流表应与被测电路________（串接、并接），并且都要注意正、负极性与量程的合理选择。

④ 只有________（绝对误差、相对误差）才能比较两次测量结果的准确性。

⑤ 测量中，如果出现报警鸣叫是什么原因？应如何处理？

六、实训内容

① 根据"分流法"原理测定指针式万用表直流电流5mA和50mA挡量限的内阻，结果记入表2-1-1中。线路如图2-1-1所示。R_B可选用DGJ-05中的电阻箱（下同）。

表2-1-1　电流表内阻测量数据

被测电流表量限	S断开时的表读数/mA	S闭合时的表读数/mA	R_B/Ω	R_1/Ω	计算内阻R_A/Ω
5mA					
50mA					

② 根据"分压法"原理按图2-1-2接线，测定指针式万用表直流电压5V和25V挡量限的内阻，结果记入表2-1-2中。

表2-1-2　电压表内阻测量数据

被测电压表量限	S闭合时表读数/V	S断开时表读数/V	R_B /kΩ	R_1 /kΩ	计算内阻R_V /kΩ	S /(Ω/V)
5V						
25V						

③ 用指针式万用表直流电压25V挡量程，测量图2-1-3电路中R_1上的电压U'_{R1}之值，结果记入表2-1-3中，并计算测量的绝对误差与相对误差。

表2-1-3　计算误差的测量数据

U	R_2	R_1	R_{25V} /kΩ	计算值 U_{R1}/V	实测值 U'_{R1}/V	绝对误差 ΔU/V	相对误差 $(\Delta U/U)\times100\%$
20V							

④ 伏安法测电阻，按图 2-1-4 接线，电压取 20V，电阻取 10kΩ，分别按图(a) 和图(b) 接法测量电阻两端的电压 U_R 和通过电阻的电流 I，结果记入表 2-1-4 中，比较两种接法测量结果的相对误差。

表 2-1-4　伏安法测量数据

数据 / 电路	电压表读数 U_R/V	电流表读数 I/mA	计算的电阻值 $R'_X=U_R/I$	相对误差 $(R'_X-R_X)/R_X$
图(a)接法				
图(b)接法				

七、作业

① 整理测量数据，并计算各被测仪表的内阻值。

② 比较表 2-1-4 伏安法测量的计算结果，说说两种电路接法的适用条件。

③ 用量程为 10A 的电流表测实际值为 8A 的电流时，实际读数为 8.1A，计算测量的绝对误差和相对误差。

④ 本次实训对你而言有哪些收获呢?

项目二　电路元件伏安特性的测绘

一、目的

① 学会识别常用电路元件的方法。

② 掌握线性电阻、非线性电阻元件伏安特性的测绘。

③ 掌握实验台上直流电工仪表和设备的使用方法。

二、预备知识

任何一个二端元件的特性可用该元件上的端电压 U 与通过该元件的电流 I 之间的函数关系 $I=f(U)$ 来表示，即用 I-U 平面上的一条曲线来表征，这条曲线称为该元件的伏安特性曲线。

① 线性电阻器的伏安特性曲线是一条通过坐标原点的直线，如图 2-2-1 中直线 a 所示，该直线的斜率等于该电阻器的电阻值。

② 一般的白炽灯在工作时灯丝处于高温状态，其灯丝电阻随着温度的升高而增大，通过白炽灯的电流越大，其温度越高，阻值也越大。一般灯泡的“冷电阻”与“热电阻”的阻值可相差几倍至十几倍，所以它的伏安特性如图 2-2-1 中曲线 b 所示。

③ 一般的半导体二极管是一个非线性电阻元件，其伏安特性如图 2-2-1 中曲线 c 所示。正向压降很小（一般的锗管约为 0.2～0.3V，硅管约为 0.5～0.7V），正向电流随正向压降的升高而急骤上升，而反向电压从零一直增加到十多至几十伏时，其反向电流增加很小，粗略地可视为零。可见，二极管具有单向导电性，但反向电压加得过高，超过管子的极限值，则会导致管子击穿损坏。

④ 稳压二极管是一种特殊的半导体二极管，其正向特性与普通二极管类似，但其

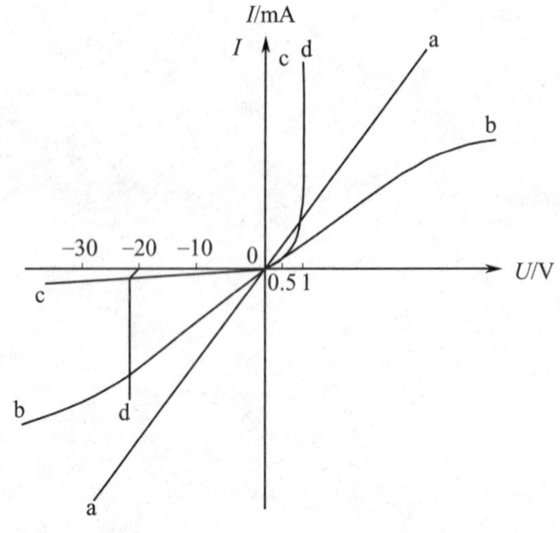

图 2-2-1　伏安特性曲线

反向特性较特别，如图 2-2-1 中曲线 d 所示。在反向电压开始增加时，其反向电流几乎为零，但当电压增加到某一数值时（称为管子的稳压值，有各种不同稳压值的稳压管），电流将突然增加，以后它的端电压将基本维持恒定，当外加的反向电压继续升高时，其端电压仅有少量增加。

注意　流过二极管或稳压二极管的电流不能超过管子的极限值，否则管子会被烧坏。

三、设备

序号	名　　称	型号与规格	备注
1	直流电压源	0～30V	
2	直流数字毫安表	0～2000mA	
3	直流数字电压表	0～200V	
4	二极管	2CP15(1N4007)	DGJ-05
5	稳压管	2CW51	DGJ-05
6	白炽灯	12V,0.1A	DGJ-05
7	线性电阻器	200Ω,510Ω,1kΩ	DGJ-05

四、注意事项

① 测二极管正向特性时，直流电压源输出应由小至大逐渐增加，应时刻注意电流表读数不得超过 35mA 或者电压表读数不能超过 0.75V。

② 进行不同测量时，应先估算电压和电流值，合理选择仪表的量程，使仪表显示数据为三位数。

③ 每一个内容做完后，记住先将直流电压源的输出调到最小，再开始下一个电路的接线与测量。

④ 测量中若直流数字电流表没有显示，应注意检查其量程与正极接线孔是否错位。

五、预习检测与思考

① 线性电阻器的伏安特性曲线是一条通过坐标原点的________（直线、曲线）。

② 白炽灯是__________（线性、非线性）元件。

③ 测二极管正向特性时，稳压电源输出应由____（大、小）至____（大、小）逐渐增加。

④ 调节电压时，勿使被测器件电流超过________（额定值、最大值）。

⑤ 在图 2-2-3 中，设 $U=2V$，$U_{VD+}=0.7V$，则 mA 表读数为________。

六、实训内容

1. 测定线性电阻器的伏安特性

按图 2-2-2 接线，调节稳压电源的输出电压 U，从 0V 开始缓慢地增加，一直到

10V，记下相应的电压表和电流表的读数 U_R、I，填入表 2-2-1 中。

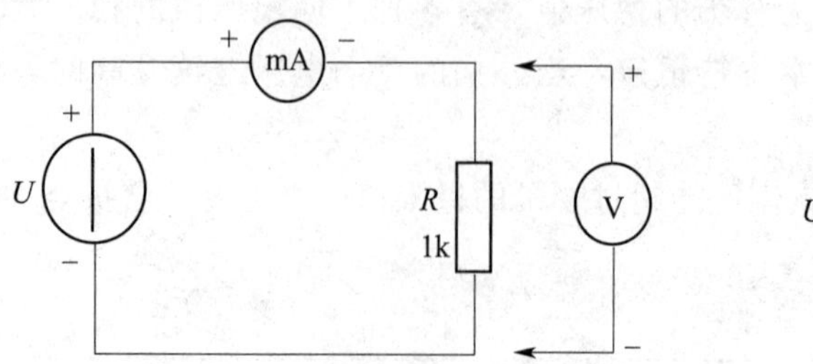

图 2-2-2 测电阻的伏安特性

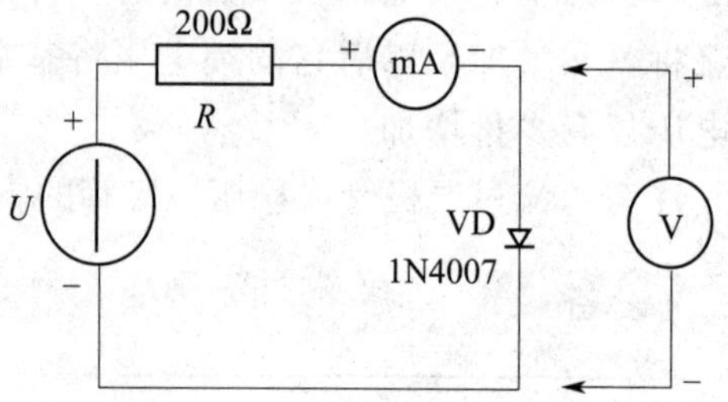

图 2-2-3 测二极管的伏安特性

表 2-2-1 电阻伏安特性测量数据

U/V	0	2	4	6	8	10
U_R/V						
I/mA						

2. 测定非线性白炽灯泡的伏安特性

将图 2-2-2 中的 R 换成一只 12V、0.1A 的灯泡，重复步骤 1，结果记入表 2-2-2 中。U_L 为灯泡的端电压。

表 2-2-2 白炽灯伏安特性测量数据

U_L/V	0.1	0.5	1	2	3	4	5
I/mA							

3. 测定半导体二极管的伏安特性

按图 2-2-3 接线，R 为限流电阻器。测二极管的正向特性时，其正向电流不得超过 35mA，二极管 VD 的正向施压 U_{VD+} 可在 0～0.75V 之间取值。在 0.5～0.75V 之间应多取几个测量点。结果记入表 2-2-3 中。测反向特性时，只需将图 2-2-3 中的二极管 VD 反接，且其反向施压 U_{VD-} 可达 30V。结果记入表 2-2-4 中。

表 2-2-3 二极管正向特性测量数据

U_{VD+}/V	0.10	0.30	0.50	0.55	0.60	0.65	0.70	0.75
I/mA								

表 2-2-4 二极管反向特性测量数据

U_{VD-}/V	0	5	10	15	20	25	30
I/mA							

4. 测定稳压二极管的伏安特性

（1）正向特性测试

将图 2-2-3 中的二极管换成稳压二极管 2CW51，按表 2-2-5 的要求进行测量。U_{VZ+} 为 2CW51 的正向施压。

表 2-2-5 稳压管正向特性测量数据

U_{VZ+}/V	0.10	0.30	0.50	0.55	0.60	0.65	0.70	0.75
I/mA								

（2）反向特性测试

将图 2-2-3 中的 R 换成 510Ω，2CW51 反接，测量 2CW51 的反向特性，结果记入表 2-2-6 中。直流电压源的输出电压 U_o 从 0～20V 调节，测量 2CW51 二端的电压 U_{VZ-} 及电流 I，由 U_{VZ-} 可看出其稳压特性。

表 2-2-6 稳压管反向特性测量数据

U_o/V	0	2	4	6	8	10	12	14	16	17	18	20
U_{VZ-}/V												
I/mA												

七、作业

① 整理测量数据，根据各测量数据，分别在方格纸上绘制出光滑的伏安特性曲线（其中二极管和稳压管的正、反向特性均要求画在同一张图中，正、反向电压可取为不同的比例尺）。

② 根据测量结果，说明电阻器与二极管的伏安特性有何区别？

③ 针对图 2-2-2 给定的参数计算 U_R 与 I，并与表 2-2-1 中的测量数据比较，进行误差分析。

④ 你本次实训有什么收获与建议呢？

项目三　直 流 电 路

一、目的

① 掌握电位与电压测量的差异，加深理解电位的相对性与电压的绝对性。

② 进一步加深对基尔霍夫定律的理解。

③ 学会如何分析、查找电路的故障。

二、预备知识

① 在一个闭合电路中，各点电位的高低视所选的电位参考点的不同而变，但任意两点间的电位差（即电压）则是绝对的，它不因参考点的变动而改变。

在电路中电位参考点可任意选定。对于不同的参考点，所绘出的电位图形是不同的，但其各点电位变化的规律却是一样的。

用数字直流电压表测量电位时，电压表负极接线端接参考电位点，正极接线端接被测各点。若数字电压表显示正值，则表明该点电位为正（即高于参考点电位）；若数字电压表显示负值，表明该点电位为负（即低于参考点电位）。

② 基尔霍夫定律是电路的基本定律。测量某电路的各支路电流及每个元件两端的电压，应能分别满足基尔霍夫电流定律（KCL）和电压定律（KVL）。即对电路中的任一个节点而言，应有$\sum I=0$；对任何一个闭合回路而言，应有$\sum U=0$。

运用上述定律时必须注意各支路或闭合回路中电流的正方向，此方向可预先任意设定。

③ 为了用一块电流表同时测量线路中多条支路电流值，在线路中引入电流插座及电流插头，其符号及接法如图 2-3-1 所示。电流插头接在电流表上，在需要测量电流的支路中，串联接入一个电流插座，插头未插入插座时，插座为短路导通状态；插入插头后，电流表即被串入该处电路中，测量出电路中电流的大小。

利用带电流插头的一块电流表和多个电流插座的配合，可以很方便地测量多个支路电流，而无需改换线路。

④“基尔霍夫定律/叠加原理”电路板左下角有三个故障键，如果任意按下其中一个键，就给电路设置了一个故障。

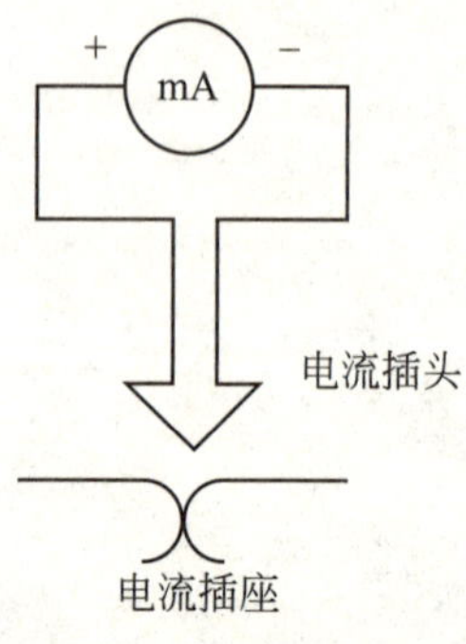

图 2-3-1　插座与插头

三、设备

序号	名　称	型号与规格	备注
1	直流电压源	0～30V	
2	直流数字电压表	0～200V	
3	直流数字电流表	0～2000mA	
4	线路板		DGJ-03

四、注意事项

① 线路板中有三个双刀双掷开关，实训开始前注意各个开关的位置及其作用，K_3应拨向 330Ω 侧，三个故障按键均不得按下。

② 所有需要测量的电压值，均以电压表测量的读数为准。U_1、U_2也需测量，若电压表测量的U_1、U_2与电压源本身的显示值有差别，以电压表测量的数值为准。

③ 用电流插头测量各支路电流时，或者用电压表测量电压降时，应注意仪表的极性，正确判断测得值的＋、－号后，记入数据表格。

④ 对电路设置故障时，不要同时按下两个故障键。

五、预习检测与思考

① 用直流电压表测量电位时，电压表负极接________（参考点、被测点），电压表正极接________（参考点、被测点）。

② 若数字电压表显示正值，则表明被测点电位______（高于、低于）参考点电位；若数字电压表显示负值，则表明被测点电位______（高于、低于）参考点电位。

③ 在一个闭合电路中，各点电位的高低随着参考点的不同而______（不变、变化），任意两点间的电位差（即电压）则是________（相对、绝对）的，它不因参考点的变动而改变。

④ 在图 2-3-2 中，假设以 F 点为参考电位点，测得 A 点的电位值为 3V，那么，现在以 E 点作为参考电位点，则 A 点的电位值为________（3、6、9）V。

⑤ 测量的电压或电流值的正确正、负号，应根据________（设定的电流参考方向、实际的电流方向）来判断。

⑥ 根据图 2-3-2 的电路参数，计算出待测的电流 I_1、I_2、I_3和各电阻上的电压值，记入表 2-3-2 中，以便测量时可正确地选定毫安表和电压表的量程。

六、实训内容

1. 电位与电压的测量

利用 DGJ-03 挂箱上的“基尔霍夫定律/叠加原理”线路，如图 2-3-2 所示，正确选择三个开关的位置，K_1与K_2拨向电源侧，K_3拨向 330Ω 侧。

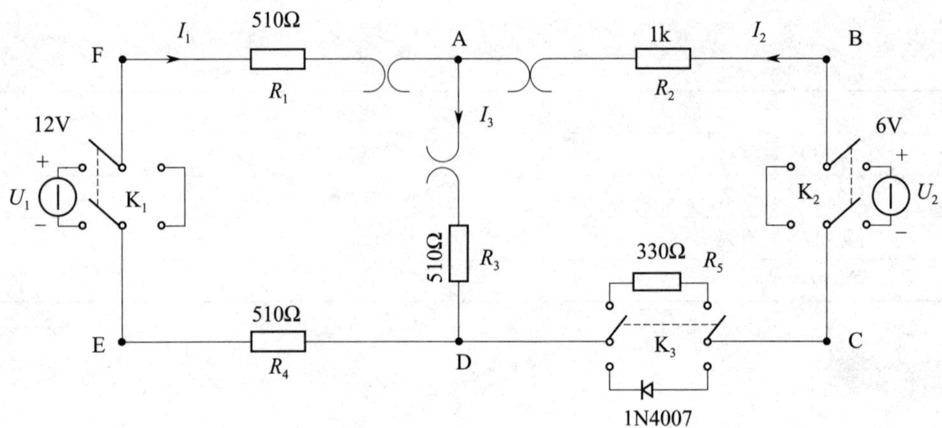

图 2-3-2 基尔霍夫定律/叠加原理线路

① 分别调整直流电压源的两路输出（以电压表测量的数据为准），令 $U_1=12V$，$U_2=6V$，再接入电路中。

② 以图 2-3-2 中的 A 点作为电位的参考点，分别测量 B、C、D、E、F 各点的电位值 ϕ 及相邻两点之间的电压值 U_{AB}、U_{BC}、U_{CD}、U_{DE}、U_{EF} 及 U_{FA}，数据记入表 2-3-1 中。

③ 以 D 点作为参考点，重复步骤内容 2 的测量，测得数据记入表 2-3-1 中。

表 2-3-1 电位与电压数值

电位参考点	ϕ 与 U	ϕ_A	ϕ_B	ϕ_C	ϕ_D	ϕ_E	ϕ_F	U_{AB}	U_{BC}	U_{CD}	U_{DE}	U_{EF}	U_{FA}
A	计算值												
	测量值												
	相对误差												
D	计算值												
	测量值												
	相对误差												

2. 基尔霍夫定律的验证

测量前先任意设定三条支路和三个闭合回路的电流正方向。图 2-3-2 中的 I_1、I_2、I_3的方向已设定。三个闭合回路的电流正方向可设为 ADEFA、BADCB 和 FBCEF。

分别将直流电压源的两路输出接入电路，令 $U_1=12V$，$U_2=6V$，测量三条支路的电流值和两路电源及电阻元件上的电压，结果记入表 2-3-2 中。

表 2-3-2 基尔霍夫定律测量数据

测量对象	I_1/mA	I_2/mA	I_3/mA	U_1/V	U_2/V	U_{FA}/V	U_{AB}/V	U_{AD}/V	U_{CD}/V	U_{DE}/V
计算值										
测量值										
相对误差										

3. 故障的判断

任意按下某个故障设置按键，重复表 2-3-3 的测量和记录，再根据测量结果分析、判断出故障的性质和具体位置。

表 2-3-3　测量数据

测量对象	I_1 /mA	I_2 /mA	I_3 /mA	U_{AB}	U_{BC}	U_{CD}	U_{DE}	U_{EF}	U_{EA}	U_{AD}
正常电路测量值										
故障一测量值										
故障二测量值										
故障三测量值										

故障一：________________________

故障二：________________________

故障三：________________________

七、作业

① 整理测量数据，根据测量数据，绘制两个电位图形，并对照观察各对应两点间的电压情况。两个电位图的参考点不同，但各点的相对顺序应一致，以便对照。

② 根据测量数据，选定电路中的任一个闭合回路，验证 KVL 的正确性。

③ 完成数据表格中的计算，对误差作必要的分析。

④ 本次实训你有哪些收获呢？

项目四 电压源与电流源的等效变换

一、目的

① 掌握电源外特性的测试方法。

② 验证电压源与电流源等效变换的条件。

二、预备知识

① 一个直流稳压电源在一定的电流范围内具有很小的内阻，故在实用中，常将它视为一个理想的电压源，即其输出电压不随负载电流而变。其外特性曲线，即其伏安特性曲线 $U=f(I)$，是一条平行于 I 轴的直线。一个实用中的恒流源在一定的电压范围内，可视为一个理想的电流源。

② 一个实际的电压源（或电流源），其端电压（或输出电流）不可能不随负载而变，因它具有一定的内阻值。故在实训中，用一个小阻值的电阻（或大电阻）与稳压源（或恒流源）相串联（或并联）来模拟一个实际的电压源（或电流源）。

③ 一个实际的电源，就其外部特性而言，既可以看成是一个电压源，又可以看成是一个电流源。若视为电压源，则可用一个理想的电压源 U_s 与一个电阻 R_0 相串联的组合来表示；若视为电流源，则可用一个理想电流源 I_s 与一电导 g_0 相并联的组合来表示。如果这两种电源能向同样大小的负载供出同样大小的电流和端电压，则称这两个电源是等效互换的，即具有相同的外特性。但恒压源与恒流源是不能等效互换的。

一个电压源与一个电流源等效变换的条件为：

$$I_s=U_s/R_0,\ g_0=1/R_0 \quad 或 \quad U_s=I_sR_0,\ R_0=1/g_0$$

如图 2-4-1 所示。

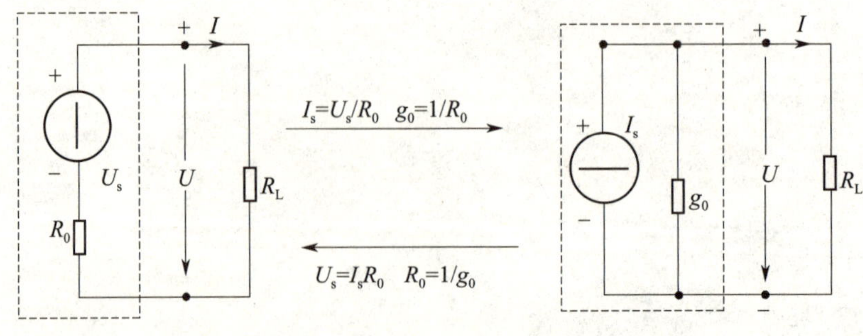

图 2-4-1 电压源与电流源的等效变换

三、设备

序号	名　　称	型号与规格	备　　注
1	直流电压源	0～30V	
2	直流恒流源	0～200mA	
3	直流数字电压表	0～200V	
4	直流数字毫安表	0～2000mA	
5	万用表		
6	电阻器	120Ω,200Ω,510Ω,1kΩ	DGJ-05
7	可调电阻箱	0～99999.9Ω	DGJ-05
8	线路图		

四、注意事项

① 在开启实验台的电源开关前，应将直流电压源的两个输出调节旋钮调至最小（逆时针旋到底），并将恒流源的输出粗调旋钮拨到 2mA 挡，输出细调旋钮应调至最小。接通电源后，再根据需要缓慢调节。

② 当恒流源输出端接有负载时，如果需要将其粗调旋钮由低挡位向高挡位切换时，必须先将其细调旋钮调至最小。否则输出电流突增，可能会损坏外接器件。

③ 在测电压源外特性时，不要忘记测空载时的电压值。测电流源外特性时，不要忘记测短路时的电流值。注意恒流源负载电压不要超过 20V，负载不要开路。

④ 直流仪表的使用应注意极性与量程，特别要注意毫安表正极接线端与量程的对应关系。当发现电流表始终没有显示数据时，应检查其量程与正极接线孔是否错位。

五、预习检测与思考

① 电压源与电流源________（能、不能）等效互换，恒压源与恒流源______（能、不能）等效互换。

② 直流稳压电源的输出电压随负载电流的变化而______（变化，不变化）。

③ 测电压源外特性时，不要忘记测量________（短路、空载）时的电压值。测电流源外特性时，不要忘记测量________（短路、空载）时的电流值。注意恒流源负载电压不要超过________（10V、20V、30V），负载不要______（短路、开路）。

④ 换接线路时，电源开关必须________（打开、关闭）。

⑤ 电压源与电流源等效互换的条件是________________________________。

⑥ 通常直流稳压电源的输出端不允许短路，直流恒流源的输出端不允许开路，为什么？

六、实训内容

1. 测定直流稳压电源与实际电压源的外特性

（1）按图 2-4-2 接线

U_s 为+12V 直流稳压电源。调节 R_2，令其阻值由大至小变化，记录两表的读数，填入表 2-4-1 中。

表 2-4-1　直流稳压电源的外特性测量数据

R_2/Ω	1k						0
U/V							
I/mA							

（2）按图 2-4-3 接线

虚线框可模拟为一个实际的电压源。调节 R_2，令其阻值由大至小变化，记录两表的读数，填入表 2-4-2 中。

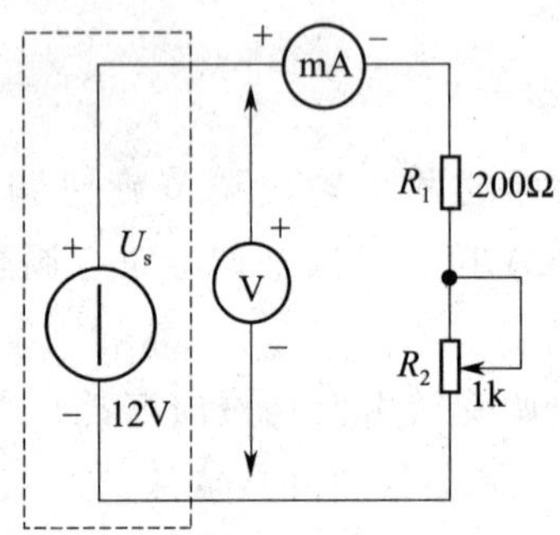

图 2-4-2　直流稳压电源外特性测量线路

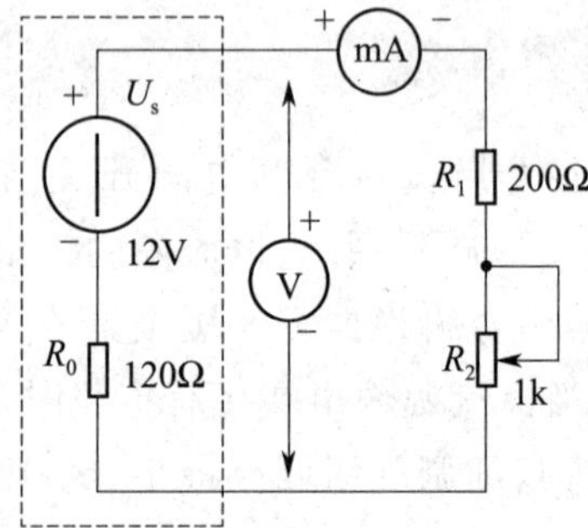

图 2-4-3　实际电压源外特性测量线路

表 2-4-2　实际电压源的外特性测量数据

R_2/Ω	1k						0
U/V							
I/mA							

2. 测定电流源的外特性

按图 2-4-4 接线，I_s 为直流恒流源，调节其输出为 10mA，令 R_0 分别为 1kΩ 和∞（即接入和断开），调节电位器 R_L（从 0 至 1kΩ），测出这两种情况下的电压表和电流表的读数，结果记入表 2-4-3 中。

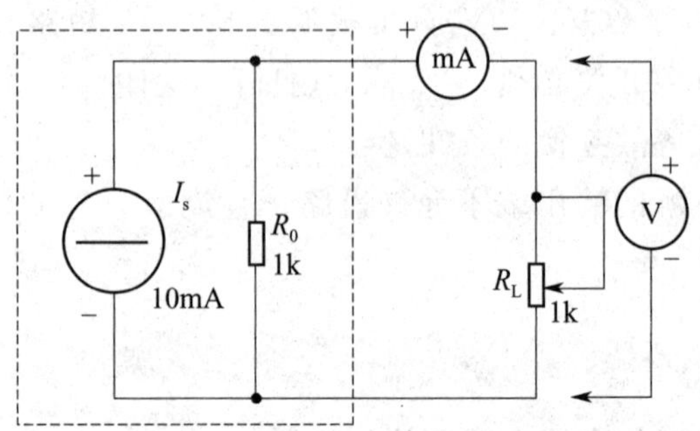

图 2-4-4　电流源外特性测量线路

表 2-4-3　电流源外特性测量数据

	R_0为 1kΩ				
R_L/Ω	0				1k
I/mA					
U/V					
	R_0为∞				
R_L/Ω	0				1k
I/mA					
U/V					

3. 测定电源等效变换的条件

先按图 2-4-5(a) 线路接线，记录线路中两表的读数。然后利用图 2-4-5(a) 中右侧的元件和仪表，按图 2-4-5(b) 接线。调节恒流源的输出电流 I_s，使两表的读数与 2-4-5(a) 时的数值相等，记录 I_s 之值，验证等效变换条件的正确性。

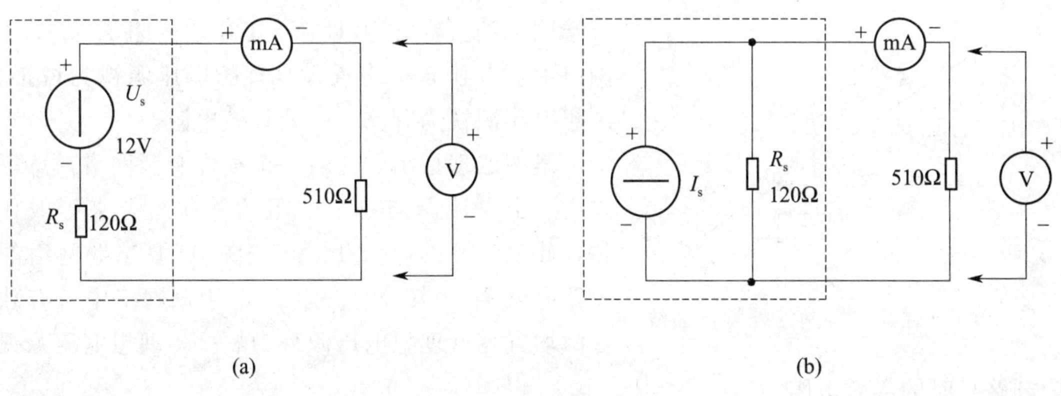

图 2-4-5　电源等效变化的条件测定

七、作业

① 整理测量数据，根据测量数据绘出电源的四条外特性曲线，并总结、归纳各类电源的特性。

② 电压源与电流源的外特性为什么呈下降变化趋势？稳压源和恒流源的输出在任何负载下是否保持恒值？

③ 说说你的收获与建议。

项目五　有源二端网络的研究

一、目的

① 验证戴维南定理和诺顿定理的正确性，加深对该定理的理解。

② 掌握测量有源二端网络等效参数的一般方法。

二、预备知识

1. 戴维南定理和诺顿定理

任何一个线性含源网络，如果仅研究其中一条支路的电压和电流，则可将电路的其余部分看作是一个有源二端网络（或称为含源一端口网络）。

戴维南定理指出：任何一个线性有源网络，总可以用一个电压源与一个电阻的串联来等效代替，此电压源的电动势 U_s 等于这个有源二端网络的开路电压 U_{OC}，其等效内阻 R_0 等于该网络中所有独立源均置零（理想电压源视为短接，理想电流源视为开路）时的等效电阻。

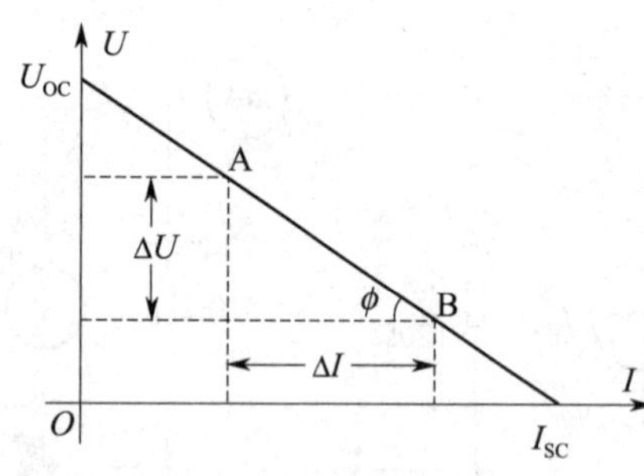

图 2-5-1　有源二端网络外特性曲线

诺顿定理指出：任何一个线性有源网络，总可以用一个电流源与一个电阻的并联组合来等效代替，此电流源的电流 I_s 等于这个有源二端网络的短路电流 I_{SC}，其等效内阻 R_0 等于该网络中所有独立源均置零（理想电压源视为短接，理想电流源视为开路）时的等效电阻。

$U_{OC}(U_s)$ 和 R_0 或者 $I_{SC}(I_s)$ 和 R_0 称为有源二端网络的等效参数。

2. 有源二端网络等效参数的测量方法

（1）开路电压、短路电流法测 R_0

在有源二端网络输出端开路时，用电压表直接测其输出端的开路电压 U_{OC}，然后再将其输出端短路，用电流表测其短路电流 I_{SC}，则等效内阻为

$$R_0=\frac{U_{OC}}{I_{SC}}$$

如果二端网络的内阻很小，若将其输出端口短路，则易损坏其内部元件，因此不宜用此法。

（2）伏安法测 R_0

用电压表、电流表测出有源二端网络的外特性曲线，如图 2-5-1 所示。根据外特性曲线求出斜率 $\tan\phi$，则内阻为

$$R_0=\tan\phi=\frac{\Delta U}{\Delta I}=\frac{U_{OC}}{I_{SC}}$$

也可以先测量开路电压 U_{OC}，再测量电流为额定值 I_N 时的输出端电压值 U_N，则内阻为

$$R_0=\frac{U_{OC}-U_N}{I_N}$$

（3）半电压法测 R_0

如图 2-5-2 所示，当负载电压为被测网络开路电压的一半时，此时的负载电阻值（由电阻箱的读数确定）即为被测有源二端网络的等效内阻值。

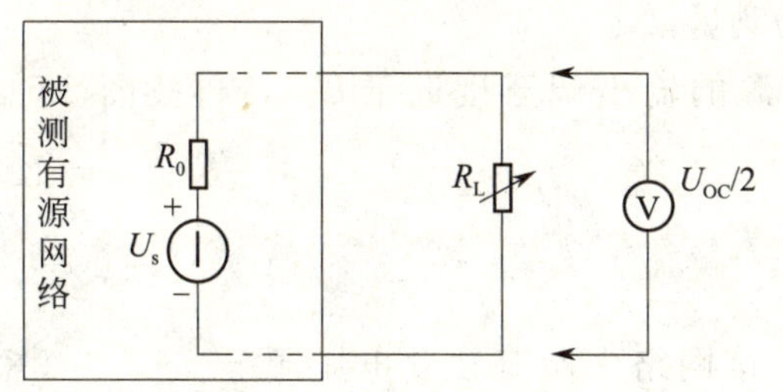

图 2-5-2　半电压法测 R_0

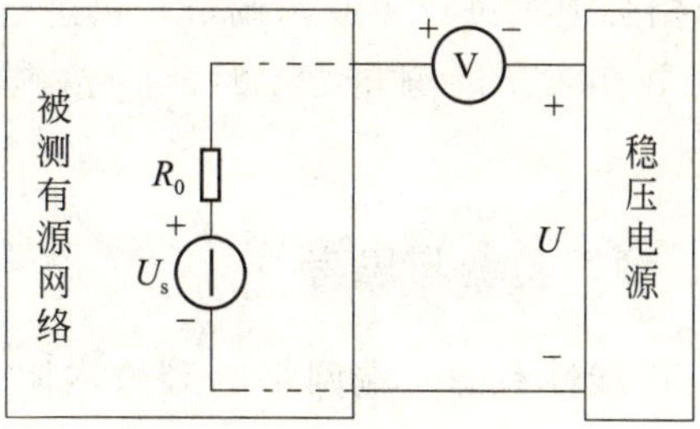

图 2-5-3　零示测量法

（4）零示法测 U_{OC}

在测量具有高内阻有源二端网络的开路电压时，用电压表直接测量会造成较大的误差。为了消除电压表内阻的影响，往往采用零示测量法，如图 2-5-3 所示。

零示法测量原理是用一低内阻的稳压电源与被测有源二端网络进行比较。当稳压电源的输出电压与有源二端网络的开路电压相等时，电压表的读数将为"0"。然后将电路断开，测量此时稳压电源的输出电压，即为被测有源二端网络的开路电压。

三、设备

序号	名　　称	型号与规格	备　　注
1	直流电压源	0～30V	
2	直流恒流源	0～200mA	
3	直流数字电压表	0～200V	
4	直流数字毫安表	0～2000mA	
5	万用表		
6	可调电阻箱	0～99999.9Ω	DGJ-05
7	电位器	1kΩ/2W	DGJ-05
8	电路板		DGJ-03

四、注意事项

① 在开启实验台的电源开关前，应将直流电压源的两个输出调节旋钮调至最小

（逆时针旋到底），并将恒流源的输出粗调旋钮拨到 2mA 挡，输出细调旋钮应调至最小。接通电源后，再根据需要缓慢调节。

② 当恒流源输出端接有负载时，如果需要将其粗调旋钮由低挡位向高挡位切换时，必须先将其细调旋钮调至最小。否则输出电流突增，可能会损坏外接器件。

③ 测量电流时应注意：若发现电流表没有示数，检查电流表量程与正极接线端是否对应。

④ 用万用表直接测 R_0 时，网络内的独立源必须先置零，以免损坏万用表。其次，欧姆挡必须先进行零欧姆调节，再进行电阻的测量。

⑤ 用零示法测量 U_{OC} 时，应先将稳压电源的输出调至接近于 U_{OC}，再按图 2-5-3 测量。

五、预习检测与思考

① 线性有源二端网络的等效内阻 R_0 等于该网络中所有独立电压源________（短路、开路），独立电流源________（短路、开路）时的入端等效电阻。

② 线性有源二端网络的开路电压的测量方法有______________。等效电阻的测定方法有______________________________________。

③ 实训前对线路 2-5-4(a) 预先做好计算，以便调整线路及测量时可准确地选取电表的量程。

$U_{OC}=$__________，$I_{SC}=$__________，$R_0=$__________

六、实训内容

被测有源二端网络如图 2-5-4(a)。

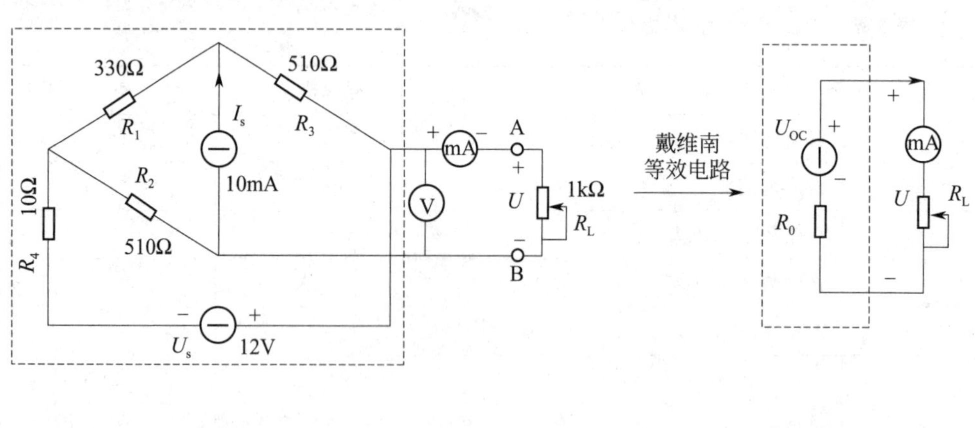

图 2-5-4 有源二端网络

1. 用开路电压、短路电流法测定戴维南等效电路的 U_{OC}、R_0 和诺顿等效电路的 I_{SC}、R_0

按图 2-5-4(a) 接入稳压电源 $U_s=12V$ 和恒流源 $I_s=10mA$，不接入 R_L。测出 U_{OC} 和 I_{SC}，并计算出 R_0（测 U_{OC} 时，不接入 mA 表），结果记入表 2-5-1 中。

表 2-5-1　开路测量数据

U_{OC}/V	I_{SC}/mA	$R_0=\frac{U_{OC}}{I_{SC}}/\Omega$

2. 负载测量

按图 2-5-4(a) 接入 R_L。改变 R_L阻值，测量有源二端网络的外特性曲线，结果记入表 2-5-2。

表 2-5-2　外特性测量数据

R_L/Ω									
U/V									
I/mA									

3. 验证戴维南定理

从电阻箱上取得按步骤 1 所得的等效电阻 R_0之值，然后令其与直流电压源（调到步骤 1 时所测得的开路电压 U_{OC}之值）相串联，如图 2-5-4(b) 所示，仿照步骤 2 测其外特性，结果记入表 2-5-3 中，对戴氏定理进行验证。

表 2-5-3　等效电路测量数据

R_L/Ω									
U/V									
I/mA									

4. 验证诺顿定理

从电阻箱上取得按步骤 1 所得的等效电阻 R_0之值，然后令其与直流恒流源（调到步骤 1 时所测得的短路电流 I_{SC}之值）相并联，如图 2-5-5 所示，仿照步骤 2 测其外特性，结果记入表 2-5-4 中，对诺顿定理进行验证。

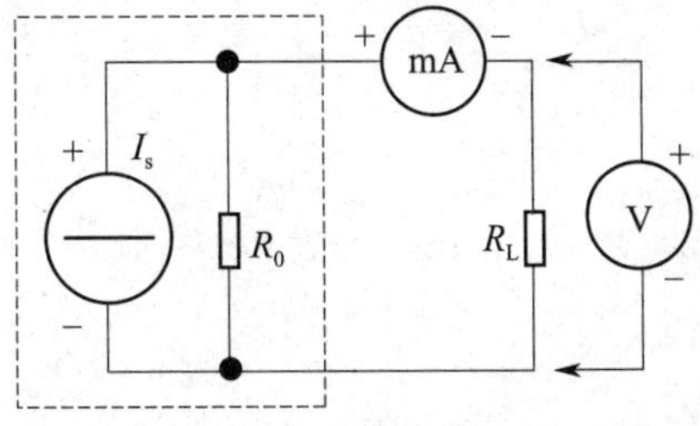

图 2-5-5　诺顿定理验证线路

表 2-5-4　等效电流源测量数据

R_L/Ω									
U/V									
I/mA									

5. 有源二端网络等效电阻（又称入端电阻）的直接测量法

见图 2-5-4(a)，将被测有源网络内的所有独立源置零（去掉电流源 I_s和电压源 U_s，并在原电压源所接的两点用一根短路导线相连），然后用伏安法或者直接用万用表的欧姆挡去测定负载 R_L开路时 A、B 两点间的电阻，此即为被测网络的等效内阻 R_0，或称网络的入端电阻 R_i。

$R_0=$________

6. 用半电压法和零示法测量被测网络的等效内阻 R_0及其开路电压 U_{OC}

线路及数据表格自拟。

七、作业

① 整理数据，根据步骤 2、3、4，分别绘出曲线，验证戴维南定理和诺顿定理的正确性，并分析产生误差的原因。

② 根据步骤 1、5、6 的几种方法测得的 U_{OC}与 R_0与预习时电路计算的结果作比较，能得出什么结论？

③ 你认为此实训内容有哪些需要改进的地方？

项目六　受控源的研究

一、目的

通过测试受控源 VCVS、VCCS、CCVS、CCCS 的外特性及其转移参数，进一步理解受控源的物理概念，加深对受控源的认识和理解。

二、预备知识

① 电源有独立电源（如电池、发电机等）与非独立电源（或称为受控源）之分。

受控源与独立源的不同点是：独立源的电势 E_s 或电流 I_s 是某一固定的数值，不受外电路的控制而独立存在，不随电路其余部分的状态而变。而受控源的电压或电流则受电路中其他部分的电流或电压的控制，是随电路中控制的电压或电流而变的一种电源。

受控源又与无源元件不同，无源元件两端的电压和它自身的电流有一定的函数关系，而受控源的输出电压或电流则和另一支路（或元件）的电流或电压有某种函数关系。

② 独立源与无源元件是二端器件，受控源则是四端器件，或称为双口元件。它有一对输入端（U_1、I_1）和一对输出端（U_2、I_2）。输入端可以控制输出端电压或电流的大小。施加于输入端的控制量可以是电压或电流，因而有两种受控电压源（电压控制电压源 VCVS 和电流控制电压源 CCVS）和两种受控电流源（电压控制电流源 VCCS 和电流控制电流源 CCCS），它们的示意图见图 2-6-1。

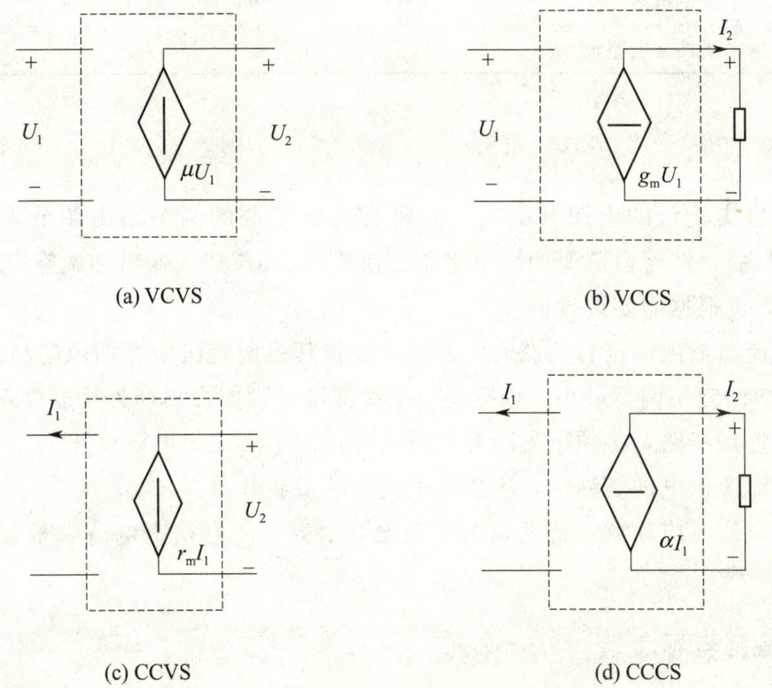

图 2-6-1　受控源

③ 当受控源的输出电压（或电流）与控制支路的电压（或电流）成正比变化时，则称该受控源是线性的。

理想受控源的控制支路中只有一个独立变量（电压或电流），另一个独立变量等于零，即从输入口看，理想受控源或者是短路（即输入电阻 $R_1=0$，因而 $U_1=0$）或者是开路（即输入电导 $G_1=0$，因而输入电流 $I_1=0$）；从输出口看，理想受控源或是一个理想电压源或者是一个理想电流源。

④ 受控源的控制端与受控端的关系式称为转移函数。

四种受控源的转移函数参量的定义如下。

压控电压源（VCVS） $U_2=f(U_1)$，$\mu=U_2/U_1$ 称为转移电压比（或电压增益）。

压控电流源（VCCS） $I_2=f(U_1)$，$g_m=I_2/U_1$ 称为转移电导。

流控电压源（CCVS） $U_2=f(I_1)$，$r_m=U_2/I_1$ 称为转移电阻。

流控电流源（CCCS） $I_2=f(I_1)$，$\alpha=I_2/I_1$ 称为转移电流比（或电流增益）。

三、设备

序　号	名　称	型号与规格	备　注
1	直流电压源	0～30V	
2	可调恒流源	0～200mA	
3	直流数字电压表	0～200V	
4	直流数字毫安表	0～2000mA	
5	可变电阻箱	0～99999.9Ω	DGJ-05
6	受控源电路板		

四、注意事项

① 在开启实验台的电源开关前，应将直流电压源的两个输出调节旋钮调至最小（逆时针旋到底），并将恒流源的输出粗调旋钮拨到 2mA 挡，输出细调旋钮应调至最小。接通电源后，再根据需要缓慢调节。

② 当恒流源输出端接有负载时，如果需要将其粗调旋钮由低挡位向高挡位切换时，必须先将其细调旋钮调至最小。否则输出电流突增，可能会损坏外接器件。

③ 每次连接线路，必须事先断开供电电源，但不必关闭电源总开关。

④ 用恒流源供电的实训中，不要使恒流源的负载开路。

⑤ 测量电流时应注意：若发现电流表没有示数，注意检查电流表量程与正极接线孔是否错位。

五、预习检测与思考

① 四种受控源中的 r_m、g_m、α 和 μ 的意义是____________________。

② 独立源的电势 E_s 或电流 I_s 是一个__________（变化、固定）的数值，受控源的电压或电流是一个受控制__________（变化、固定）的数值。

③ 独立源是__________（二端器件、四端器件），无源元件是__________（二端器件、四端器件），受控源则是__________（二端器件、四端器件）。

④ 如何由两个基本的 CCVS 和 VCCS 获得其他两个 CCCS 和 VCVS，它们的输入输出如何连接？

六、实训内容

1. 测量受控源 VCVS 的转移特性 $U_2=f(U_1)$ 及负载特性 $U_2=f(I_L)$

电路如图2-6-2 所示。

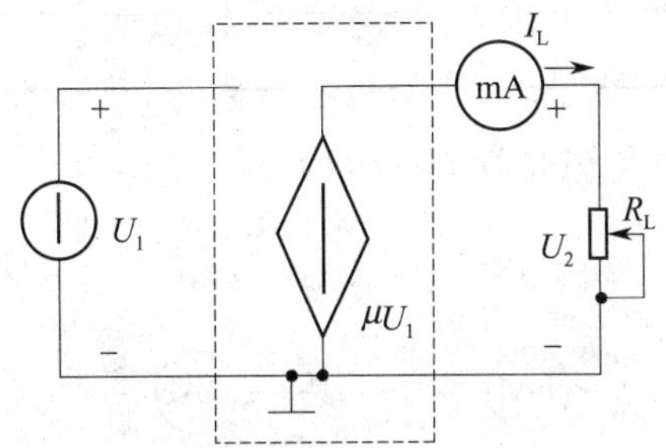

图 2-6-2 测量受控源 VCVS 的特性

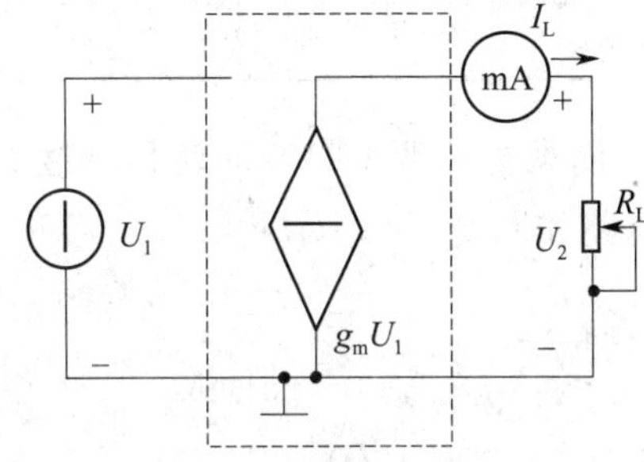

图 2-6-3 测量受控源 VCCS 的特性

① 不接电流表，固定 $R_L=2\text{k}\Omega$，调节稳压电源输出电压 U_1，测量 U_1 及相应的 U_2 值，记入表 2-6-1 中。

表 2-6-1 固定 R_L 的 VCVS 测量数据

U_1/V	0	1	2	3	5	7	8	9	μ
U_2/V									

在方格纸上绘出电压转移特性曲线 $U_2=f(U_1)$，并在其线性部分求出转移电压比 μ。

② 接入电流表，保持 $U_1=2\text{V}$，调节 R_L 可变电阻箱的阻值，测 U_2 及 I_L，结果记入表 2-6-2 中，绘制负载特性曲线 $U_2=f(I_L)$。

表 2-6-2 固定 U_1 的 VCVS 测量数据

R_L/Ω	50	70	100	200	300	400	500	∞
U_2/V								
I_L/mA								

2. 测量受控源 VCCS 的转移特性 $I_L=f(U_1)$ 及负载特性 $I_L=f(U_2)$

电路如图 2-6-3 所示。

① 固定 $R_L=2\text{k}\Omega$，调节稳压电源的输出电压 U_1，测出相应的 I_L 值，结果记入表

2-6-3，绘制 $I_L=f(U_1)$ 曲线，并由其线性部分求出转移电导 g_m。

表 2-6-3 固定 R_L 的 VCCS 测量数据

U_1/V	0.1	0.5	1.0	2.0	3.0	3.5	3.7	4.0	g_m
I_L/mA									

② 保持 $U_1=2$V，令 R_L 从大到小变化，测出相应的 I_L 及 U_2，结果记入表 2-6-4 中，绘制 $I_L=f(U_2)$ 曲线。

表 2-6-4 固定 U_1 的 VCCS 测量数据

R_L/kΩ	50	20	10	8	7	6	5	4	2	1
I_L/mA										
U_2/V										

3. 测量受控源 CCVS 的转移特性 $U_2=f(I_1)$ 与负载特性 $U_2=f(I_L)$

电路如图 2-6-4 所示。

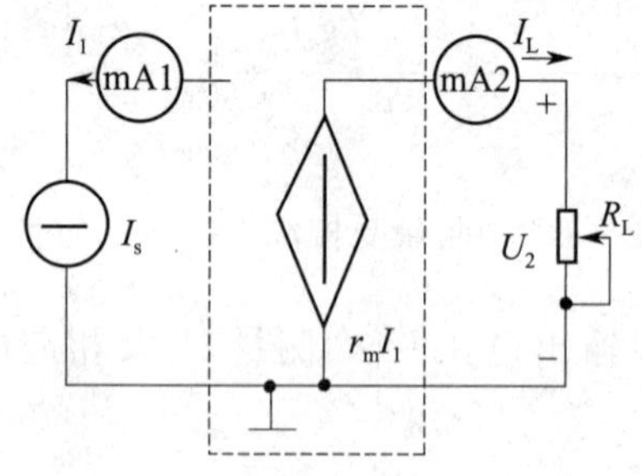

图 2-6-4 测量受控源 CCVS 的特性

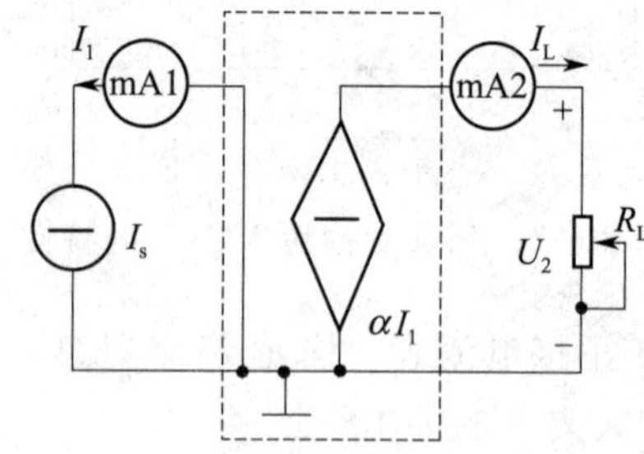

图 2-6-5 测量受控源 CCCS 的特性

① 固定 $R_L=2$kΩ，调节恒流源的输出电流 I_s，按表 2-6-5 所列 I_1 值测出 U_2，绘制 $U_2=f(I_1)$ 曲线，并由其线性部分求出转移电阻 r_m。

表 2-6-5 固定 R_L 的 CCVS 测量数据

I_1/mA	0.1	1.0	3.0	5.0	7.0	8.0	9.0	9.5	r_m
U_2/V									

② 保持 $I_s=2$mA，按表 2-6-6 所列 R_L 值测出 U_2 及 I_L，结果记入表 2-6-6 中，绘制负载特性曲线 $U_2=f(I_L)$。

表 2-6-6 固定 I_s 的 CCVS 测量数据

R_L/kΩ	0.5	1	2	4	6	8	10
U_2/V							
I_L/mA							

4. 测量受控源 CCCS 的转移特性 $I_L=f(I_1)$ 及负载特性 $I_L=f(U_2)$

电路如图 2-6-5 所示。

① 固定 $R_L=2k\Omega$，调节恒流源的输出电流 I_s，按表 2-6-7 所列 I_1 值测出 I_L，绘制 $I_L=f(I_1)$ 曲线，并由其线性部分求出转移电流比 α。

表 2-6-7　固定 R_L 的 CCCS 测量数据

I_1/mA	0.1	0.2	0.5	1	1.5	2	2.2	α
I_L/mA								

② 保持 $I_s=1mA$，令 R_L 为表 2-6-8 所列值测出 I_L、U_2，结果记入表 2-6-8 中，绘制 $I_L=f(U_2)$ 曲线。

表 2-6-8　固定 I_s 的 CCCS 测量数据

R_L/kΩ	0	0.1	0.5	1	2	5	10	20	30	80
I_L/mA										
U_2/V										

七、作业

① 整理数据，根据测量数据在方格纸上分别绘出四种受控源的转移特性和负载特性曲线，并求出相应的转移参量。

② 通过实训，你对四种受控源有哪些认识与理解？

③ 本次实训对你有什么帮助吗？

项目七 典型电信号的观察与测量

一、目的

① 熟悉数控函数信号发生器面板的构成及其使用方法。

② 掌握用数字存储示波器观察电信号波形，定量测量正弦波、脉冲波的参数。

③ 掌握交流毫伏表的使用方法及注意事项。

二、预备知识

① 正弦交流信号和方波脉冲信号是常用的电激励信号，数控函数信号发生器可提供正弦波、方波、三角波等信号。正弦信号的波形参数是幅值 U_m、周期 T（或频率 f）和初相。脉冲信号的波形参数是幅值 U_m、周期 T 及脉宽 t_k。

DGJ-3 型实验装置上的数控函数信号发生器能提供频率范围为 20Hz～150kHz 的正弦波及方波，并有 6 位 LED 数码管显示信号的频率。正弦波的幅度值在 0～17.0V_{PP}之间连续可调，方波的幅度为 0～4V_{PP}可调。数控函数信号发生器的面板如图 2-7-1 所示。

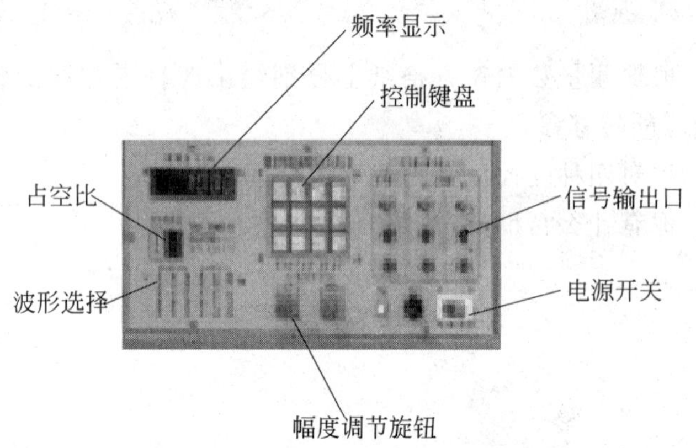

图 2-7-1 数控函数信号发生器面板

频率的改变由控制键盘中标有“↑、↓”的六个按键调节，波形选择由“A 口键”和“B 口键”控制，根据波形选择对应的 A 口输出和 B 口输出。控制键盘下方的两个灰色旋钮用来调节信号的幅值，左边为“粗调”，右边为“细调”。

② 示波器是一种信号波形测量仪器，可定量测出电信号的波形参数，选择电压量限和扫描时间来测量电信号的周期、脉宽、相位差等参数。

ADS1022C 双踪数字存储示波器是一种小型的便携式仪器，其操作面板如图 2-7-2 所示，面板上包括旋钮和功能按键。

显示屏右侧的一列 5 个灰色按键为菜单操作键，通过菜单按键设置当前菜单的不同选项，其他按键为功能键。下面简单介绍其他功能键的作用。

CH1、CH2 连接器：模拟信号输入通道。

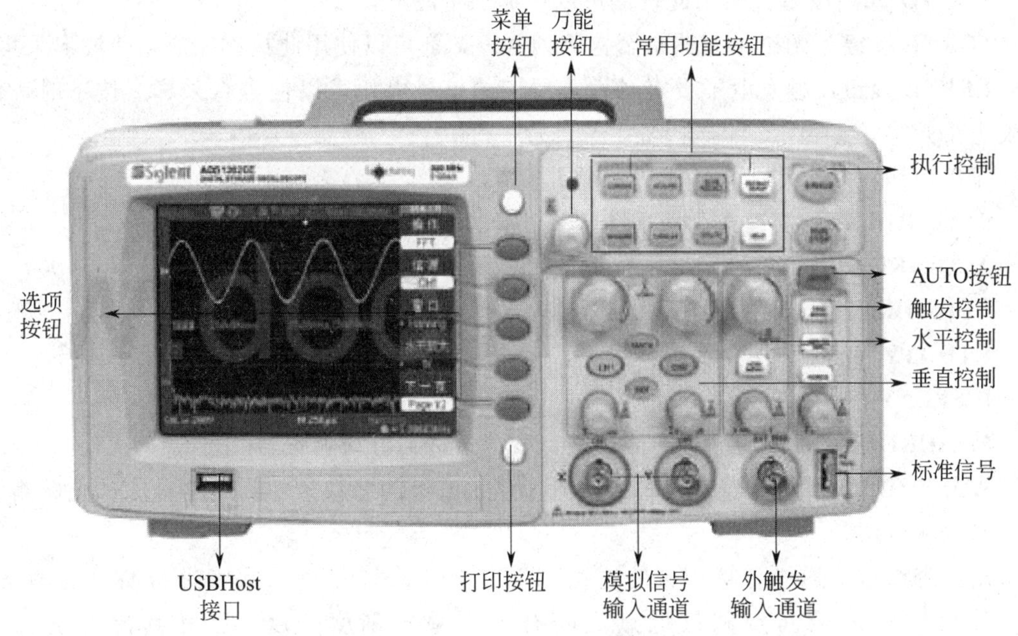

图 2-7-2　数字示波器面板

万能旋钮：自动测量时调节菜单的选项；调整释抑时间、光标测量、脉宽设置、滤波器频率上下限等；在旋钮上方灯不亮时，旋转旋钮则调节示波器波形亮度。

AUTO 按钮：自动设置，可以根据输入的信号，自动调整电压挡位、时基以及触发方式至最好形态显示输入信号波形。当被测信号的频率低于 50Hz、占空比低于 1%时，自动设置无作用。

DEFAULT SETUP 按钮：默认设置，调出示波器的出厂设置。

垂直控制区（VERTICAL）有四个按键和四个旋钮。

CH1、CH2：通道，每个通道有独立的垂直菜单，可以设置“耦合、带宽限制、伏/格、探头比例、反相”等选项。按下“→”调出菜单，再按下“→”取消菜单。

MATH：数学运算，显示 CH1、CH2 波形相加、相减、相乘、相除及 FFT（快速傅里叶变换运算）运算的结果。

REF：调出参考波形。

POSITION：垂直移位控制，调整波形的垂直位置。

Volt/div（伏/格）：灵敏度调节，调节通道的垂直分辨率控制器放大或衰减通道波形的信源信号。按下时，可以在“粗调”和“细调”间切换。

水平控制区（HORIZONTAL）有一个按键和两个旋钮。

HORI MENU：水平系统功能菜单，有主时基、视窗设定、视窗扩展三个选项。

POSITION：水平移位控制。

S/div（秒/格）：扫描速度调节，改变水平时间刻度，以便放大和缩小波形。

触发控制区（TRIGGER）有三个按键和一个旋钮，分别是：

TRIG MENU 按键：调出“触发菜单”。

SET TO 50%按键：使用此按键可以快速稳定波形。

FORCE 按键：无论示波器是否检测到触发，都可以使用此按键完成当前波形采集。

LEVEL 旋钮：触发电平设定触发点对应的信号电压，以便进行采样。按下时，使触发电平归零。

菜单按钮区（MENU）有六个按键。

SAVE RECALL 按键：存储系统。

ACQUIRE 按键：信号获取系统。

CURSORS 按键：光标设置。

UTILITY 按键：辅助系统。

DISPLAY 按键：显示系统。

MESURE 按键：自动测量功能按键，按下→进入自动测量。

ADS1022C 数字示波器有几种方法测量显示波形的参数，如刻度测量法、光标测量法、自动测量法。

刻度测量法：通过计算相关的主次刻度分度并乘以比例系数来进行简单的测量。如计算出波形的最高点和最低点之间有 5 个垂直刻度分度，已知其比例系数为 100mV/分度，则波形的峰-峰值电压为：5 分度×100mV/分度＝500mV。周期的测量类似。

自动测量法：按下 MESURE 键进入“自动测量”菜单，显示屏右边出现 5 个选项，按其右边对应的灰色“菜单操作键”，该选项的下拉子菜单出现在选项的左边，再旋转“万能旋钮”移动光标，选中所需测量对象，然后按“万能旋钮”确认，则所需测量对象的图标和测量值显示在屏幕下方。

自动测量比刻度测量更精确、更方便。

三、设备

序号	名称	型号与规格	备注
1	双踪数字存储示波器	ADS1022C	
2	数控函数信号发生器		
3	交流毫伏表	0～600V	DGJ-07
4	频率计		

四、注意事项

① 示波器的辉度不要过亮。调节仪器旋钮时，动作不要过快、过猛。

② 为防止外界干扰，信号发生器的接地端与示波器的接地端要相连（称共地）。

五、预习检测与思考

① 调节________________旋钮，可以改变示波器显示屏上波形的高度（电压倍

率）；调节____________旋钮，可以改变示波器显示屏上波形的宽度（时基）。

② 自动测量时，用________旋钮调节菜单的选项。

③ 示波器“标准信号”的幅值为________V，频率为________kHz。

④ 能够根据输入信号，自动调整电压挡位、时基以及触发方式至最好形态显示输入信号波形的按钮是________。

六、实训内容

1. 数字示波器的功能检查

打开数字存储示波器的电源开关，示波器执行所有自检项目，并确认通过自检，按下“DEFAULT SETUP”键。

将探头连接器上的插槽对准CH1（或CH2）同轴电缆插接件上的凸键，按下去即可连接，然后向右旋转拧紧探头。将探头端部和基准导线连接到“标准信号”连接器上。

按下“AUTO”按钮，几秒内，显示屏上出现频率为1kHz电压约为$3V_{P-P}$（峰峰值）的方波。

2. 正弦波信号的观测

① 通过电缆线，将信号发生器的正弦波输出口与示波器的CH1通道相连。

② 打开信号发生器的电源，选择正弦波输出。通过相应调节，使输出频率分别为50Hz、5kHz和20kHz（由频率计读出），按表2-7-1所述完成相应测量。

表 2-7-1　频率测量

频率计读数 / 所测项目	正弦波信号的频率		
	50Hz	5000Hz	20000Hz
示波器“S/div”数值			
一个周期占有的刻度格数			
计算出的正弦波周期/s			
自动测量所得周期/s			
刻度测量所得频率/Hz			
自动测量所得频率/Hz			

③ 再调节信号发生器的输出幅值分别为有效值0.1V，1V，3V（由交流毫伏表读得），按表2-7-2所述完成相应测量。

3. 方波脉冲信号的观测

① 将电缆插头换接在脉冲信号的输出插口上，选择方波信号输出。

② 调节方波的输出幅度为$3.0V_{P-P}$（用示波器测定），分别观测100Hz、3kHz和30kHz方波信号的波形参数。

③ 使信号频率保持在3kHz，选择不同的幅度及脉宽，观测波形参数的变化。

表 2-7-2　幅值测量

毫伏表读数 / 所测项目	正弦波信号的幅值(有效值)		
	0.1V	1V	3V
示波器"V/div"数值			
峰-峰值刻度格数			
刻度测量所得峰峰值/V			
自动测量所得峰峰值/V			
计算所得有效值/V			
自动测量所得有效值/V			

4. 两个波形间相位差的测量

① 按图 2-7-3 连接电路，将函数信号发生器的输出设为正弦波，其频率为 1kHz，幅值为 2V，经 RC 移相网络获得频率相同但相位不同的两个电压信号 U_i 和 U_R，分别加到数字示波器的输入通道 CH1 和 CH2。

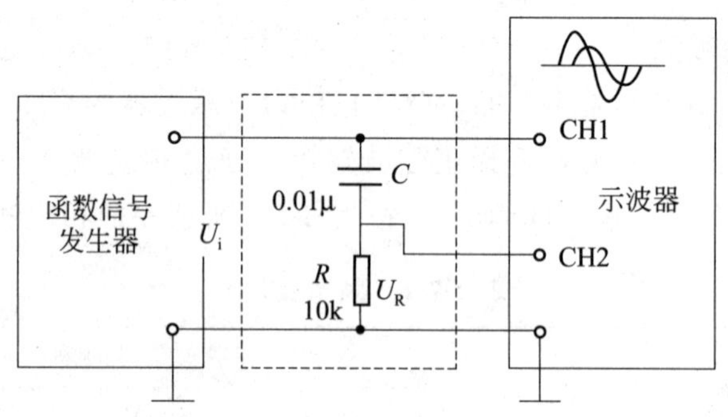

图 2-7-3　测相位差电路

② 按下"AUTO"按钮，调节"Volt/div"旋钮，使两个通道上显示的信号幅值大致相同。

③ 利用示波器的光标测量功能，测出两波形在水平方向差距 ΔX 及信号周期 X_T，则可计算出两波形的相位差 ϕ，如图 2-7-4 所示。

$$\phi=\frac{\Delta X}{X_T}\times 360°$$

式中　X_T——一周期所占格数。

ΔX——两波形在 X 轴方向差距格数。

七、作业

① 整理示波器观测的各种波形，绘制有代表性的波形。

② 说说用示波器观测电信号的方法。

③ 应用双踪示波器观察到如图 2-7-5 所示的两个波形，CH1 和 CH2 轴的"V/div"

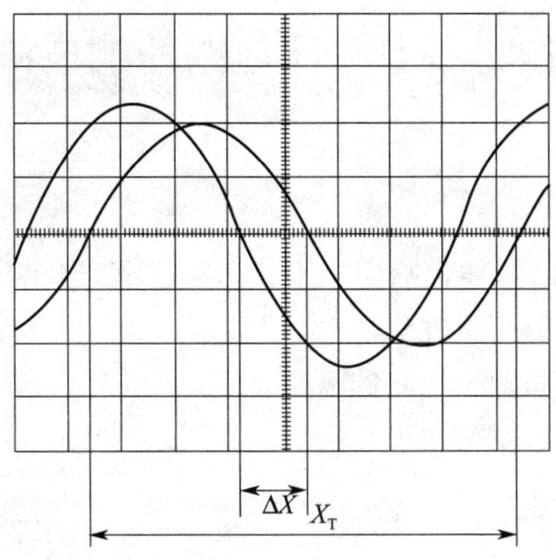

图 2-7-4　相位差波形

的指示均为 0.5V，“S/div”指示为 20μs，试写出这两个波形信号的波形参数。

④ 如用示波器观察正弦信号时，荧光屏上出现图 2-7-6 所示的几种情况时，试说明原因？应如何调节解决？

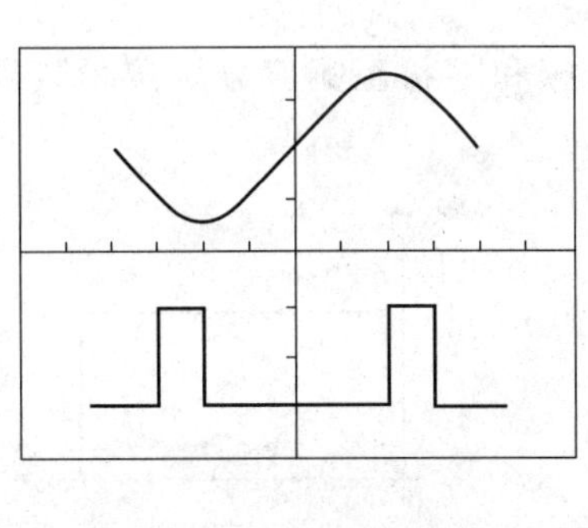

图 2-7-5　两个波形信号

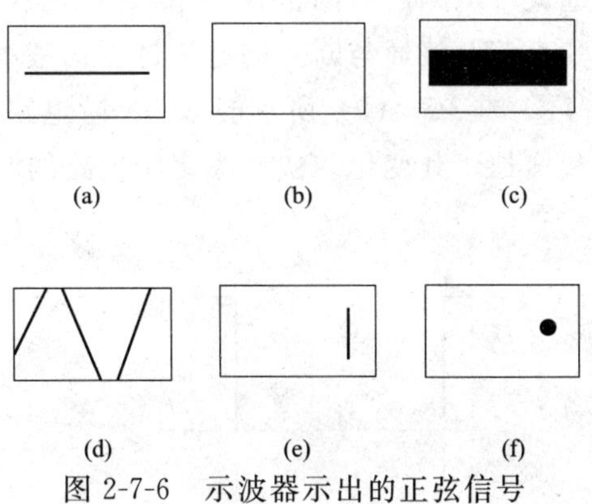

图 2-7-6　示波器示出的正弦信号

项目八 RC 一阶电路的响应测试

一、目的

① 测定 RC 一阶电路的零输入响应、零状态响应及完全响应。

② 学习电路时间常数的测量方法。

③ 掌握有关微分电路和积分电路的概念。

④ 进一步学会用示波器观测波形。

二、预备知识

① 动态网络的过渡过程是十分短暂的单次变化过程。要用普通示波器观察过渡过程和测量有关的参数，就必须使这种单次变化的过程重复出现。为此，利用信号发生器输出的方波来模拟阶跃激励信号，即利用方波输出的上升沿作为零状态响应的正阶跃激励信号；利用方波的下降沿作为零输入响应的负阶跃激励信号。只要选择方波的重复周期远大于电路的时间常数 τ，那么电路在这样的方波序列脉冲信号的激励下，它的响应就和直流电接通与断开的过渡过程是基本相同的。

② 图 2-8-1(b) 所示的 RC 一阶电路的零输入响应和零状态响应分别按指数规律衰减和增长，其变化的快慢决定于电路的时间常数 τ。

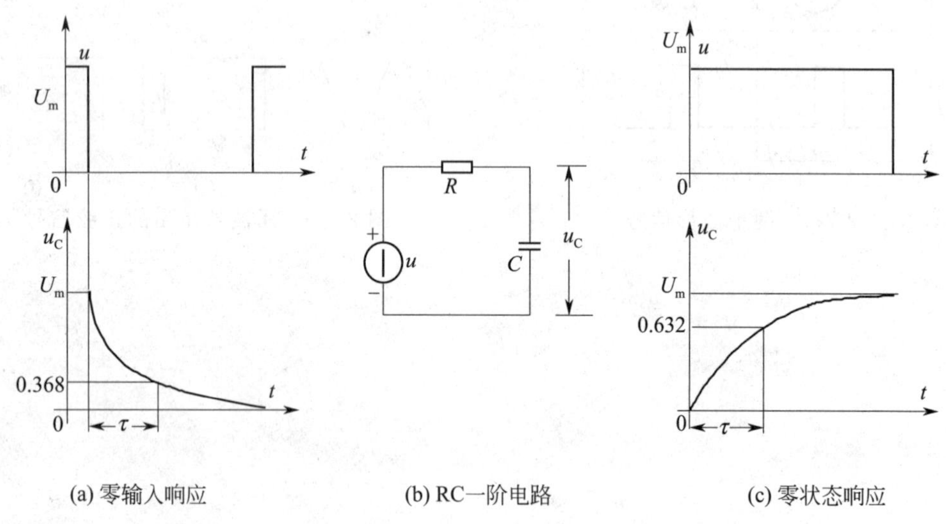

图 2-8-1 RC 一阶电路的响应

③ 时间常数 τ 的测定方法：用示波器测量零输入响应的波形，如图 2-8-1(a) 所示。根据一阶微分方程的求解得知

$$u_C = U_m e^{-t/RC} = U_m e^{-t/\tau}$$

当 $t=\tau$ 时，$U_C(\tau)=0.368U_m$ 时对应的时间就等于 τ。亦可用零状态响应波形增加

到 $0.632U_m$ 所对应的时间测得，如图 2-8-1(c) 所示。

④ 微分电路和积分电路是 RC 一阶电路中较典型的电路，它对电路元件参数和输入信号的周期有着特定的要求。一个简单的 RC 串联电路，在方波序列脉冲的重复激励下，当满足 $\tau=RC\ll\frac{T}{2}$ 时（T 为方波脉冲的重复周期），且由 R 两端的电压作为响应输出，则该电路就是一个微分电路。因为此时电路的输出信号电压与输入信号电压的微分成正比，如图 2-8-2(a) 所示。利用微分电路可以将方波转变成尖脉冲。

若将图 2-8-2(a) 中的 R 与 C 位置调换一下，如图 2-8-2(b) 所示，由 C 两端的电压作为响应输出，且当电路的参数满足 $\tau=RC\gg\frac{T}{2}$，则该 RC 电路称为积分电路。因为此时电路的输出信号电压与输入信号电压的积分成正比。利用积分电路可以将方波转变成三角波。

从输入、输出波形来看，上述两个电路均起着波形变换的作用，在实训过程应仔细观察与记录。

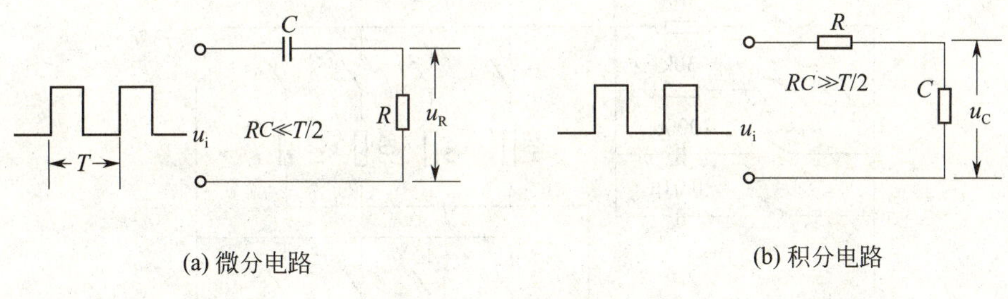

图 2-8-2　RC 一阶电路

三、设备

序号	名　　称	型号与规格	备注
1	函数信号发生器		
2	双踪数字示波器	ADS1022C	
3	动态电路线路板		DGJ-03

四、注意事项

① 调节电子仪器各旋钮时，动作不要过快、过猛。观察双踪波形时，要特别注意相应功能键、旋钮的操作与调节。数字示波器的使用说明可参看项目七。

② 信号源的接地端与示波器的接地端要连在一起（称共地），以防外界干扰而影响测量的准确性。

③ 示波器的辉度不应过亮，尤其是光点长期停留在荧光屏上不动时，应将辉度调暗。

五、预习检测与思考

① 当 $R=10\text{k}\Omega$，$C=6800\text{pF}$ 时，时间常数 $\tau=$＿＿＿＿＿＿＿＿＿＿＿。

② 积分电路必须具备的条件是＿＿＿＿＿＿＿＿＿＿＿；微分电路必须具备的条件是＿＿＿＿＿＿＿＿＿＿＿。

③ ＿＿＿＿＿＿＿＿＿＿＿电信号可作为RC一阶电路零输入响应的激励源，而＿＿＿＿＿＿＿＿＿＿＿电信号可作为RC一阶电路零状态响应的激励源。

④ 何谓积分电路和微分电路？它们在方波序列脉冲的激励下，其输出信号波形的变化规律如何？这两种电路有何功用？

六、实训内容

线路板的器件组件如图2-8-3所示，应认清 R、C 元件的布局及其标称值，以及各开关的通断位置等。

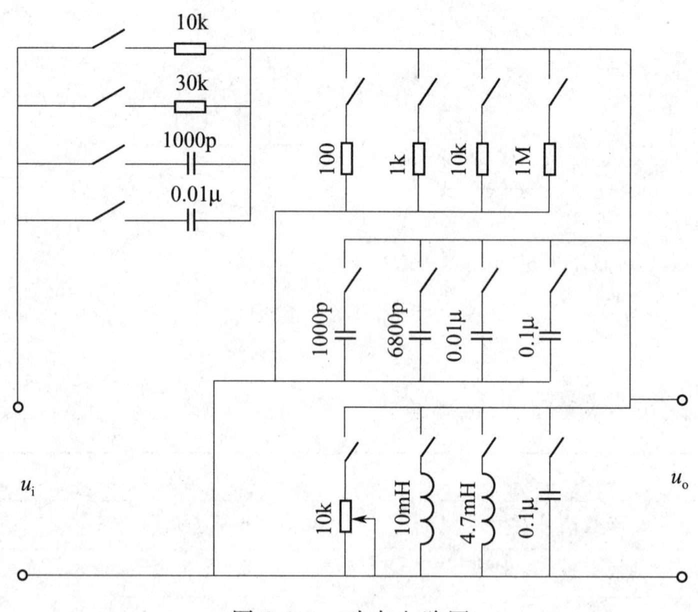

图2-8-3　动态电路图

① 从电路板上选 $R=10\text{k}\Omega$，$C=6800\text{pF}$ 组成如图2-8-1(b) 所示的RC充放电电路。u_i 为数控函数信号发生器输出的 $U_m=3\text{V}$、$f=1\text{kHz}$ 的方波电压信号，并通过两根同轴电缆线，将激励源 u_i 和响应 u_C 的信号分别连至示波器的两个输入口 CH_1 和 CH_2。这时可在示波器的屏幕上观察到激励与响应的变化规律，测算出时间常数 τ，并用方格纸按1∶1的比例描绘波形。

$$\tau=\_\_\_\_\_\_$$

少量地改变电容值或电阻值，定性地观察对响应的影响，记录观察到的现象。看到的现象：＿＿＿＿＿＿＿＿＿＿＿＿＿＿＿＿＿＿＿＿＿＿。

② 令 $R=10\text{k}\Omega$，$C=0.1\mu\text{F}$，观察并描绘响应的波形。继续增大 C 之值，定性地观

察对响应的影响。

U_i 波形：　　　　　　　　　　　　　U_o 波形：

③ 令 $C=0.01\mu F$，$R=100\Omega$，组成如图 2-8-2(a) 所示的微分电路。在同样的方波激励信号（$U_m=3V$，$f=1kHz$）作用下，观测并描绘激励与响应的波形。

U_i 波形：　　　　　　　　　　　　U_o 波形：

增减 R 之值，定性地观察对响应的影响，并作记录。当 R 增至 $1M\Omega$ 时，输入、输出波形有何本质上的区别?

七、作业

① 根据观测结果，在方格纸上绘出 RC 一阶电路充放电时 u_C 的变化曲线，由曲线测得 τ 值，并与参数值的计算结果作比较，分析误差原因。

② 根据观测结果，归纳、总结积分电路和微分电路的形成条件，阐明波形变换的特征。

③ 做完此内容，你有哪些收获与建议?

项目九　R、L、C 元件阻抗特性的测定

一、目的

① 验证电阻、感抗、容抗与频率的关系，测定 R-f、X_L-f 及 X_C- f 特性曲线。

② 加深理解 R、L、C 元件端电压与电流间的相位关系。

二、预备知识

① 在正弦交变信号作用下，R、L、C 电路元件在电路中的抗流作用与信号的频率有关，它们的阻抗频率特性 R-f、X_L-f，X_C-f 曲线如图 2-9-1 所示。

② 元件阻抗频率特性的测量电路如图 2-9-2 所示。

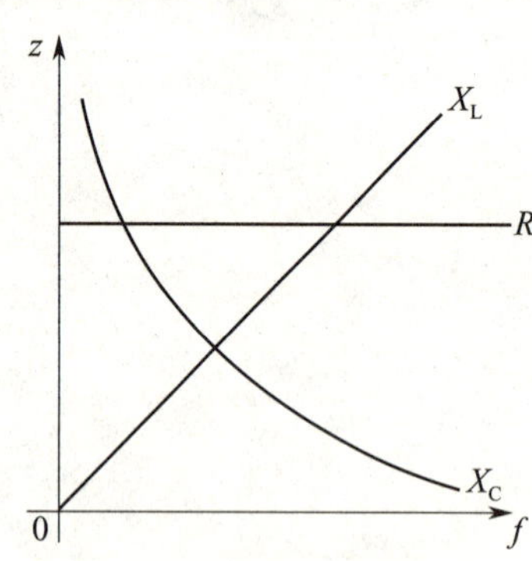

图 2-9-1　阻抗频率特性曲线

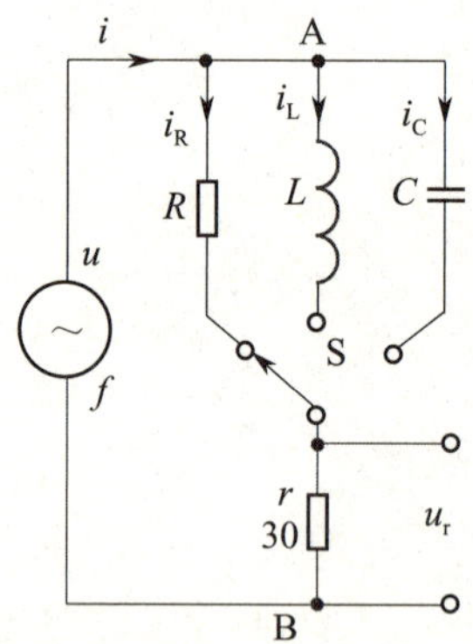

图 2-9-2　阻抗频率特性的测量电路

图中的 r 是提供测量回路电流用的标准小电阻。当 r 的阻值远小于被测元件的阻抗值时，可以认为 A、B 之间的电压就是被测元件 R、L 或 C 两端的电压，流过被测元件的电流则可由 r 两端的电压除以 r 所得。若不满足 r 的阻值远小于被测元件的阻抗值时，则需分别测量电阻 r 与被测元件两端的电压。

由于输入、输出的信号是正弦交流，所以其电压的数值可以用毫伏表或双踪示波器测定。测量时应注意保持 A、B 两端电压不变，以消除信号发生器输出内阻的影响。

若用双踪示波器同时观察电阻 r 与被测元件两端的电压，也就展现出被测元件两端的电压和流过该元件电流的波形，从而可在荧光屏上测出电压与电流的幅值及它们之间的相位差。

③ 对于未知的阻抗元件，如元件 R、L、C 串联或并联相接，也可用同样的方法测得 $Z_{串}$ 与 $Z_{并}$ 的阻抗频率特性 Z-f，根据电压、电流的相位差可判断 $Z_{串}$ 或 $Z_{并}$ 是感性还是容性负载。

④ 元件的阻抗角（即电压与电流的相位差 ϕ）随输入信号的频率变化而改变，将各个不同频率下的相位差画在以频率 f 为横坐标、阻抗角 ϕ 为纵坐标的坐标纸上，并用光

滑的曲线连接这些点，即得到阻抗角的频率特性曲线。

用双踪示波器测量阻抗角的方法如图 2-9-3 所示。从荧光屏上数得一个周期占 n 格，相位差占 m 格，则实际的相位差 ϕ（阻抗角）为

$$\phi = m \times \frac{360°}{n} \quad (°)$$

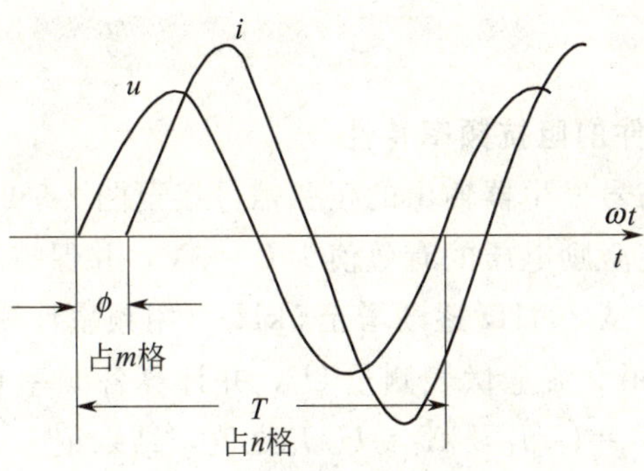

图 2-9-3　用双踪示波器测量阻抗角

三、设备

序号	名　　称	型号与规格	备　　注
1	数控函数信号发生器		
2	交流毫伏表	0～600V	
3	双踪示波器	ADS1022C	
4	频率计		
5	线路元件	R=1kΩ，C=1μF，L 约 1H	DGJ-03
6	电阻	30Ω	DGJ-05

四、注意事项

① 交流毫伏表属于高阻抗电表，测量前必须先调零。

② 调节电子仪器各旋钮时，动作不要过快、过猛。观察双踪波形时，要特别注意相应功能键、旋钮的操作与调节。数字示波器的使用说明可参看项目七。

③ 信号源的接地端与示波器的接地端要连在一起（称共地），以防外界干扰而影响测量的准确性。

④ 测量 ϕ 角时，注意调节“Volt/div”旋钮，使两个通道上显示的信号幅值大致相同。

五、预习检测与思考

① 电路图 2-9-2 中激励源 u 的有效值为____V，要求用______________（交流电压

表、毫伏表）测量，并始终保持不变。

② 实训中，测量电容 C 的阻抗频率特性时，信号源的频率应控制在________之间。

③ 测量 R、L、C 各个元件的阻抗角时，为什么要与它们串联一个小电阻？可否用一个小电感或大电容代替？为什么？

六、实训内容

1. 测量 R、L、C 元件的阻抗频率特性

通过电缆线将低频信号发生器输出的正弦信号接至图 2-9-2 的电路，作为激励源 u，并用交流毫伏表测量，使激励电压的有效值为 $U=3$V，并保持不变。

使信号源的输出频率从 200Hz 逐渐增至 5kHz（用频率计测量），并使开关 S 分别接通 R、L、C 三个元件，用交流毫伏表测量 U_r，并计算各频率点时的 I_R、I_L和 I_C（即 U_r/r）以及 $R=U/I_R$、$X_L=U/I_L$及 $X_C=U/I_C$之值，结果记入表 2-9-1 中。

表 2-9-1　R、L、C 电路的测量与计算数据

频率/kHz							
R	U_r/V						
	I_R/mA						
	R/kΩ						
L	U_r/V						
	I_L/mA						
	X_L/kΩ						
C	U_r/V						
	I_C/mA						
	X_C/kΩ						

注意　在接通 C 测试时，信号源的频率应控制在 200～2500Hz 之间。

2. 用双踪数字示波器观测相位

将要测量的两个信号分别通过探头连接到示波器的输入通道 CH1 和 CH2，调节"Volt/div"旋钮，使两个通道上显示的信号幅值大致相同。观测在不同频率下各元件阻抗角的变化情况，取频率为 1kHz，按图 2-9-3 记录 n 和 m，算出 ϕ。

电感元件的电压与电流之间的相位差：

$n=$________格　$m=$________格　$\phi=$________度

电容元件的电压与电流之间的相位差：

$n=$________格　$m=$________格　$\phi=$________度

3. 测量 R、L、C 元件串联的阻抗角频率特性

连接 RLC 串联电路，正弦信号发生器的幅值为 3V，频率从 0.5kHz 逐渐增至

20kHz，在示波器上观察电压、电流波形，读出 m、n 值，将数据记入表 2-9-2 中，并计算电压、电流的相位差，即 RLC 串联电路的阻抗角。

表 2-9-2 RLC 串联的阻抗角频率特性

频率 f/kHz	0.5	1	2	5	10	15	20
n/格							
m/格							
ϕ/(°)							

七、作业

① 整理数据，根据测量数据，在方格纸上绘制 R、L、C 三个元件的阻抗频率特性曲线，从中可得出什么结论？

② 根据测量数据，在方格纸上绘制 R、L、C 三个元件串联的阻抗角频率特性曲线，并总结、归纳出结论。

③ 说说你在操作中遇到的问题及解决的方法。

项目十　日光灯电路和功率因数的提高

一、目的

① 掌握单相交流电路的电压、电流、复阻抗之间的相量关系。

② 熟悉日光灯电路的组成、各元件的作用及日光灯的工作原理，学会日光灯电路的连接，了解线路故障的检查方法。

③ 掌握交流电路的电压、电流和功率的测量方法。

④ 理解并掌握提高感性负载电路功率因数的方法。

二、预备知识

1. 日光灯电路的组成及工作原理

日光灯电路由镇流器、灯管、启辉器组成，如图 2-10-1 所示。

灯管是一根细长玻璃管，内壁均匀涂有荧光粉，管内充有水银蒸气和稀薄的惰性气体，管子两端装有灯丝，灯丝上涂有受热后易发射电子的氧化物。镇流器，又称限流器，是一个带有铁芯的电感线圈。启辉器内是并联的辉光管和小容量的电容，辉光管内装有一个固定触头和一个倒 U 形双金属片。

工作原理　当接通电源以后，由于日光灯未点亮，电源电压全部加在启辉器的两端，使其辉光管内两个电极放电，放电产生热使双金属片受热趋向伸直，与固定触头接通。这时日光灯的灯丝与启辉器辉光管内的电极、镇流器构成一个回路。灯丝因通过电流而发热，从而使氧化物发射电子。同时，辉光管内两个电极接通时电极之间的电压为零，辉光放电停止，双金属片因温度下降而复原，两电极脱离。在电极脱开的瞬间，回路中的电流因突然切断，立即使镇流器两端产生感应电压，感应电压比电源电压高得多，这个感应电压连同电源电压一起加在灯管两端，使灯管内惰性气体分离而产生弧光放电，管内温度逐渐升高，水银蒸发游离，并猛烈地撞击惰性气体分子而放电。同时辐射出不可见的紫外线，而紫外线激发灯管壁的荧光物质发出可见光。

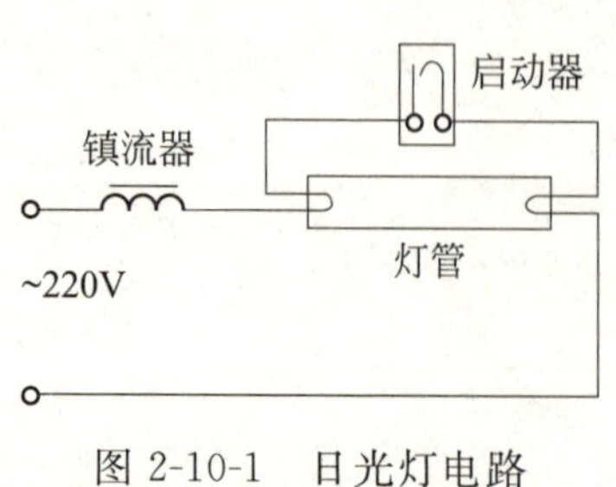

图 2-10-1　日光灯电路

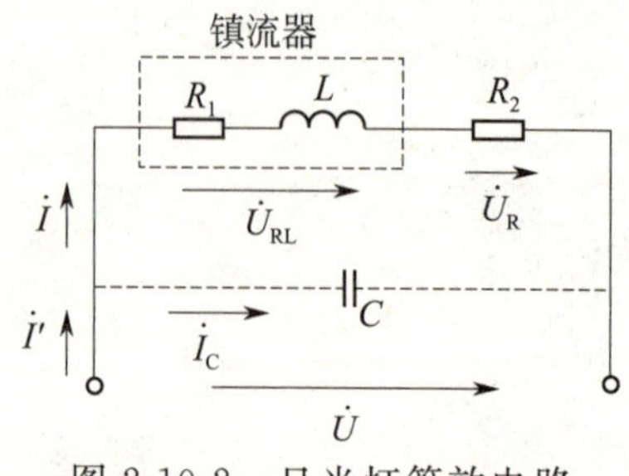

图 2-10-2　日光灯等效电路

日光灯点亮后两端电压较低，灯管两端的电压不足以使启辉器辉光放电。因此，启辉器只在日光灯启辉时有作用，一旦日光灯点亮，启辉器处在断开状态，此时镇流器、灯管构成一个电流通路。由于镇流器与灯管串联，且感抗很大，故可以限制和稳定电路的工作电流。

2. 相关计算

镇流器是一个铁芯线圈，其电感 L 比较大，而线圈本身具有电阻 R_1。日光灯在稳态工作时近似认为是一个阻性负载 R_2。镇流器和灯管串联后接在交流电路中，可以把这个电路等效为 RL 串联电路，如图 2-10-2 所示。

根据图 2-10-2 和图 2-10-3，相关计算如下。

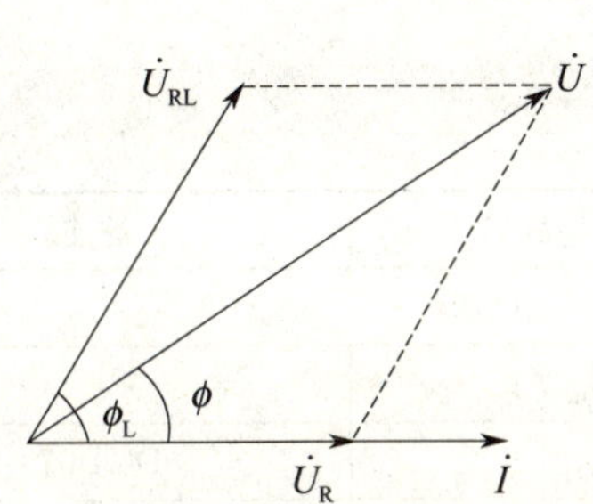

图 2-10-3　RL 串联电路相量图

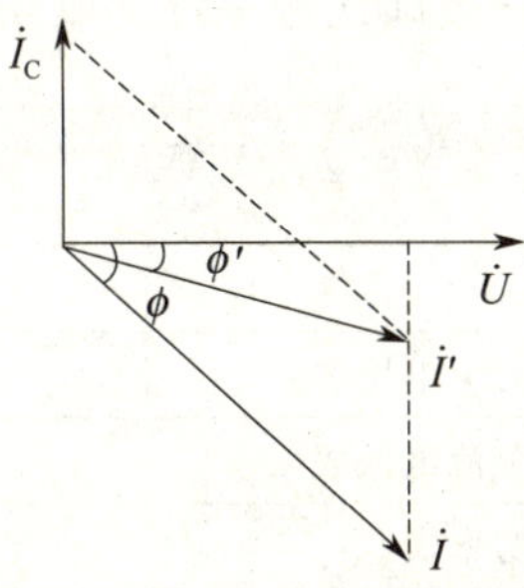

图 2-10-4　日光灯并联电容相量图

镇流器的等效复阻抗：

$$|Z_{RL}|=\frac{U_{RL}}{I}$$

电感线圈的电阻：

$$R_1=|Z_{RL}|\times\cos\phi_L$$

电感线圈的感抗：

$$X_L=\sqrt{|Z_{RL}|^2-R_1^2}$$

电感线圈的电感：

$$L=\frac{X_L}{2\pi f}$$

日光灯等效电阻：

$$R_2=\frac{U_R}{I}$$

电路消耗的有功率：

$$P=UI\cos\phi \quad 或 \quad P=I^2(R_1+R_2)$$

因镇流器本身的电感较大，故整个电路的功率因数较低。为了提高电路的功率因数，可以采用在日光灯两端并联电容的方法，见图 2-10-2。

并联电容后电路的总电流 $\dot{I}'=\dot{I}+\dot{I}_C$（见图 2-10-4）。由于电容的无功电流抵消了一部分日光灯电流中的感性无功分量，所以总电流将减小，电路的功率因数被提高。由于电源电压是固定的，并联电容器并不影响感性负载的工作状态，即日光灯支路的电流、功率和功率因数并不随并联电容的大小而改变，仅是电路的总电流及总功率因数发生变化。提高电路的功率因数，能够减小供电线路的损耗及电压损失，提高电源设备的利用率而又不影响负载的工作，所以并联电容器提高电路功率因数的方法被供电部门广泛采用。

3. 智能交流功率表的使用

本实训所用的功率表为智能交流功率表。接线时，将功率表的电压接线端 U*-U 与被测负载并联，电流接线端 I*-I 与被测负载串联。测量时，打开挂件箱 DGJ-07-2 的电源开关⟶显示屏上出现滚动字母 P ⟶轻按功能键⟶显示屏上出现固定字母 P（或 cos）⟶按确认键⟶读取功率数值（功率因数数值）。

三、设备

序号	名称	型号与规格	数量	备注
1	交流电压表	0～500V	1	
2	交流电流表	0～5A	1	
3	功率表		1	DGJ-07
4	三相调压器		1	
5	镇流器、启辉器	与 30W 灯管配用	各 1	DGJ-04
6	日光灯灯管	30W	1	屏内
7	电容器	1μF，2.2μF，4.7μF/500V	各 1	DGJ-05
8	白炽灯及灯座	220V，25W	1～3	DGJ-04
9	电流插座		3	DGJ-04

四、注意事项

① 本实训使用交流市电 220V，务必注意用电和人身安全。**注意**电源电压切勿接在 380V 电源上。

② 功率表要正确接入电路。注意功率表的接线方法，分清电压线圈和电流线圈的端子，电压线圈 U*-U 要与被测电路并联，电流线圈 I*-I 要与被测电路串联，并且两个线圈的对应端子（同名端）应接在电源的同一点上。

③ 线路接线正确，日光灯不能启辉时，应检查启辉器及其接触是否良好。

④ 测量电流时，分别将电流表串联接在不同支路中测量。改接电路时，切记先关断电源再操作。

⑤ 在接线和拆线时，务必关闭电源，然后再操作。

五、预习检测与思考

① 实训所用交流电压为__________（380V、220V、127V）。

② 交流电路中各支路电流值和回路各元件电压值之间的关系__________（不满

足、满足）相量形式的基尔霍夫定律。

③ 日光灯电路由____________、____________、____________组成。

④ 日光灯电路中，镇流器起____________（分压、升压、限流）作用。

⑤ 在日常生活中，当日光灯上缺少了启辉器时，人们常用一根导线将启辉器的两端短接一下，然后迅速断开，使日光灯点亮，或用一只启辉器去点亮多只同类型的日光灯，这是为什么？

六、实训内容

1. 验证电压三角形关系

按图 2-10-5 接线。R 为 220V、25W 的白炽灯泡，电容器为 4.7μF/500V。经指导教师检查后，接通实验台电源，将三相调压器输出（即 U 相）调至 220V（用交流电压表测量）。记录 U、U_R、U_C值，填入表 2-10-1，验证电压三角形关系。

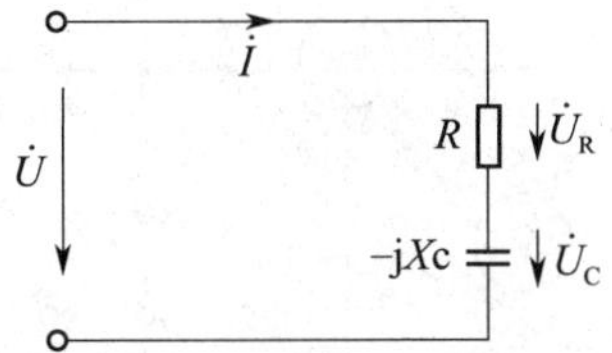

图 2-10-5　验证电压三角形电路

表 2-10-1　RC 电路测量数据

测　量　值			计　　算　　值		
U/V	U_R/V	U_C/V	U'（与 U_R、U_C 组成直角三角形）$\left(U'=\sqrt{U_R^2+U_C^2}\right)$	$\Delta U=U'-U$ /V	$\Delta U/U$ /%

2. 日光灯线路接线与测量

按图 2-10-6 接线。经指导教师检查后，接通实验台电源，调节三相调压器的输出，使其输出电压缓慢增大，直到日光灯点亮为止，记下电压表、电流表、功率表的指示值。然后将电压调至 220V，测量功率 P、电流 I 和电压 U、U_L、U_A 等值，结果记入表 2-10-2 中，验证电压、电流相量关系。

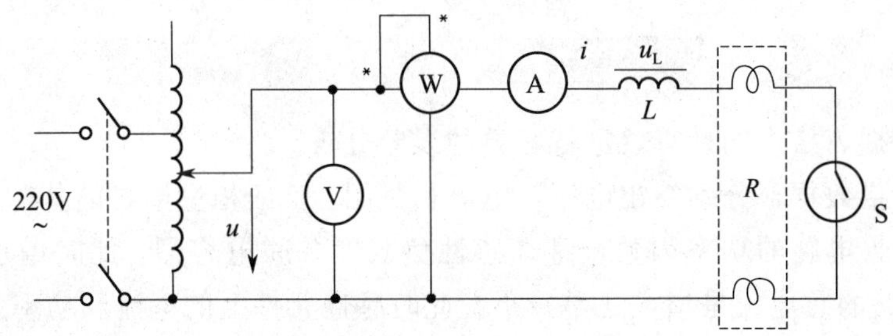

图 2-10-6　日光灯线路

表 2-10-2 日光灯电路测量数据

	测 量 数 值						计算值	
参数	P/W	$\cos\phi$	I/A	U/V	U_L/V	U_R/V	r/Ω	$\cos\phi$
点亮值								
正常工作值								

3. 并联电容——电路功率因数的改善

按图 2-10-7 组成测量线路。经指导老师检查后，接通实验台电源，将三相调压器的输出电压调至 220V，记录功率表、电压表读数。电流的测量可以将一块电流表分别接到不同支路中测得，也可以通过一只电流表和三个电流插座分别测得三条支路的电流。改变电容值，进行重复测量。数据记入表 2-10-3 中。

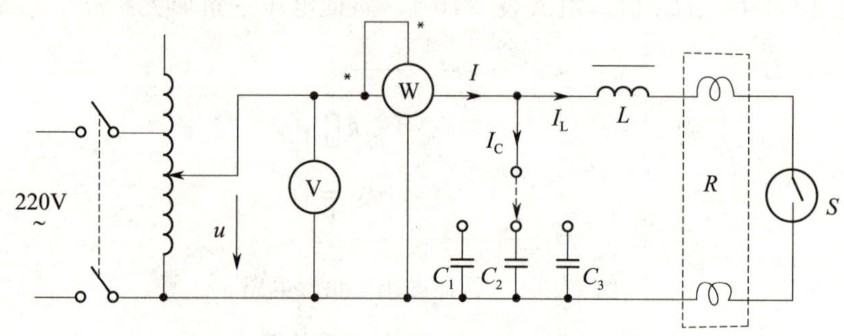

图 2-10-7 改善功率因数电路

表 2-10-3 并联电容的测量数据

电容值 /μF	测 量 数 据						计算值	
	P/W	$\cos\phi$	U/V	I/A	I_L/A	I_C/A	$\cos\phi$	P/W
0								
1								
2.2								
4.7								
6.9								

七、作业

① 完成数据表格中的计算，进行必要的误差分析。

② 根据测量数据，分别绘出电压、电流相量图，验证相量形式的基尔霍夫定律。

③ 为了改善电路的功率因数，常在感性负载上并联电容器，此时增加了一条电流支路，试问电路的总电流是增大还是减小？此时感性元件上的电流和功率是否改变？

④ 做完这个实训内容，你有哪些收获？

读得频率计上的频率值即为电路的谐振频率 f_0，并测量 U_C 与 U_L 之值（注意及时更换毫伏表的量限）。

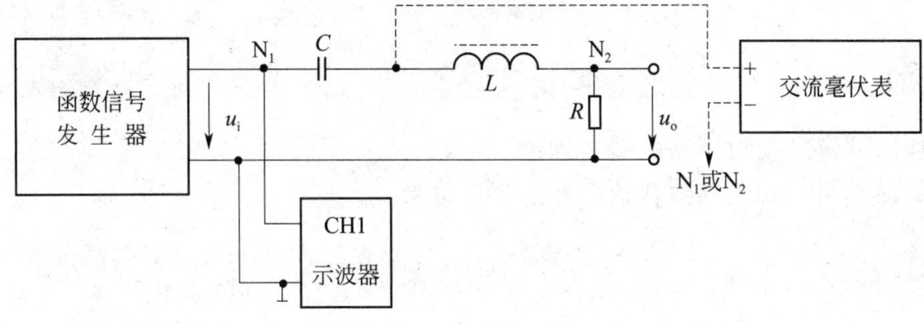

图 2-11-3　监视、测量电路

③ 在谐振点两侧，按频率递增或递减 500Hz 或 1kHz，依次各取 8 个测量点，逐点测出 U_o、U_L、U_C 之值，数据记入表 2-11-1 中。

表 2-11-1　谐振测量数据一

f/kHz							f_0							
U_o/V														
U_L/V														
U_C/V														
$U_i=4V_{P-P}$，$C_1=0.01\mu F$，$R_1=510\Omega$，$f_0=$　　　，$f_2-f_1=$　　　，$Q=$														

④ 将电阻改为 R_2，重复步骤②、③的测量过程，结果记入表 2-11-2 中。

表 2-11-2　谐振测量数据二

f/kHz							f_0							
U_o/V														
U_L/V														
U_C/V														
$U_i=4V_{P-P}$，$C=0.01\mu F$，$R_2=2k\Omega$，$f_0=$　　　，$f_2-f_1=$　　　，$Q=$														

⑤ 选 C_2，重复步骤②～④的测量过程（自制表格记录结果）。

七、作业

① 整理测量数据，根据测量数据绘出不同 Q 值时三条幅频特性曲线，即：

$$U_o=f(f),\ U_L=f(f),\ U_C=f(f)$$

② 计算出通频带与 Q 值，说明不同 R 值时对电路通频带与品质因数的影响。

③ 对两种不同的测 Q 值的方法进行比较，分析误差原因。

④ 谐振时，比较输出电压 U_o 与输入电压 U_i 是否相等？试分析原因。

⑤ 通过本次实训，你有什么收获与建议？

项目十二　二端口网络测试

一、目的

① 加深理解二端口网络的基本理论。

② 掌握直流二端口网络传输参数的测量技术。

二、预备知识

对于任何一个线性网络，人们所关心的往往只是输入端口和输出端口的电压和电流之间的相互关系，并通过实训测定方法求取一个极其简单的等值二端口电路来替代原网络，此即为“黑盒理论”的基本内容。

① 一个二端口网络两端口的电压和电流四个变量之间的关系，可以用多种形式的参数方程来表示。本实训采用输出口的电压 U_2 和电流 I_2 作为自变量，以输入口的电压 U_1 和电流 I_1 作为应变量，所得的方程称为二端口网络的传输方程。图 2-12-1 所示的无源线性二端口网络（又称为四端网络）的传输方程为：

$$U_1=AU_2+BI_2 \qquad I_1=CU_2+DI_2$$

式中，A、B、C、D 为二端口网络的传输参数，其值完全决定于网络的拓扑结构及各支路元件的参数值。这四个参数表征了该二端口网络的基本特性，它们的含义是：

$$A=\frac{U_{1o}}{U_{2o}}\text{（令 }I_2=0\text{，即输出口开路时）}$$

$$B=\frac{U_{1s}}{I_{2s}}\text{（令 }U_2=0\text{，即输出口短路时）}$$

$$C=\frac{I_{1o}}{U_{2o}}\text{（令 }I_2=0\text{，即输出口开路时）}$$

$$D=\frac{I_{1s}}{I_{2s}}\text{（令 }U_2=0\text{，即输出口短路时）}$$

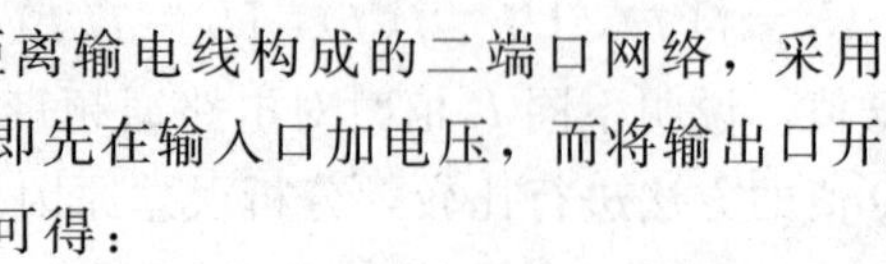

图 2-12-1　无源线性二端口网络

由上可知，只要在网络的输入口加上电压，在两个端口同时测量其电压和电流，即可求出 A、B、C、D 四个参数，此即为双端口同时测量法。

② 若要测量一条远距离输电线构成的二端口网络，采用同时测量法就很不方便。这时可采用分别测量法，即先在输入口加电压，而将输出口开路和短路，在输入口测量电压和电流，由传输方程可得：

$$R_{1o}=\frac{U_{1o}}{I_{1o}}=\frac{A}{C}\text{（令 }I_2=0\text{，即输出口开路时）}$$

$$R_{1s}=\frac{U_{1s}}{I_{1s}}=\frac{B}{D}$$（令 $U_2=0$，即输出口短路时）

然后在输出口加电压，而将输入口开路和短路，测量输出口的电压和电流。此时可得：

$$R_{2o}=\frac{U_{2o}}{I_{2o}}=\frac{D}{C}$$（令 $I_1=0$，即输入口开路时）

$$R_{2s}=\frac{U_{2s}}{I_{2s}}=\frac{B}{A}$$（令 $U_1=0$，即输入口短路时）

R_{1o}、R_{1s}、R_{2o}、R_{2s}分别表示一个端口开路和短路时另一端口的等效输入电阻，这四个参数中只有三个是独立的（因为 $AD-BC=1$）。至此，可求出四个传输参数：

$$A=\sqrt{R_{1o}/(R_{2o}-R_{2s})},\quad B=R_{2s}A,\quad C=A/R_{1o},\quad D=R_{2o}C$$

③ 二端口网络级联后的等效二端口网络的传输参数，亦可采用前述的方法之一求得。从理论推得两个二端口网络级联后的传输参数与每一个参加级联的二端口网络的传输参数之间有如下的关系：

$$A=A_1A_2+B_1C_2 \qquad B=A_1B_2+B_1D_2$$

$$C=C_1A_2+D_1C_2 \qquad D=C_1B_2+D_1D_2$$

三、设备

序号	名　称	型号与规格	备注
1	直流电压源	0～30V	
2	数字直流电压表	0～200V	
3	数字直流毫安表	0～2000mA	
4	二端口网络电路板		DGJ-03

四、注意事项

① 用电流插头、插座测量电流时，要注意判别电流表的极性及选取适合的量程（根据所给的电路参数，估算电流表量程）。

② 实训中，如果测得的 I 或 U 为负值，则计算传输参数时取其绝对值。

五、预习检测与思考

① 二端口网络的传输参数值决定于＿＿＿＿＿＿＿＿＿＿。

② 计算传输参数时，I、U 均取其＿＿＿＿＿＿＿＿＿＿（正值、负值）。

③ 无源线性二端口网络的传输方程为：＿＿＿＿＿＿＿＿＿＿。

④ 双口网络同时测量法与分别测量法的步骤是什么？

六、实训内容

二端口网络测量线路如图 2-12-2 所示。将直流电压源的输出电压调到 10V，作为二端口网络的输入。

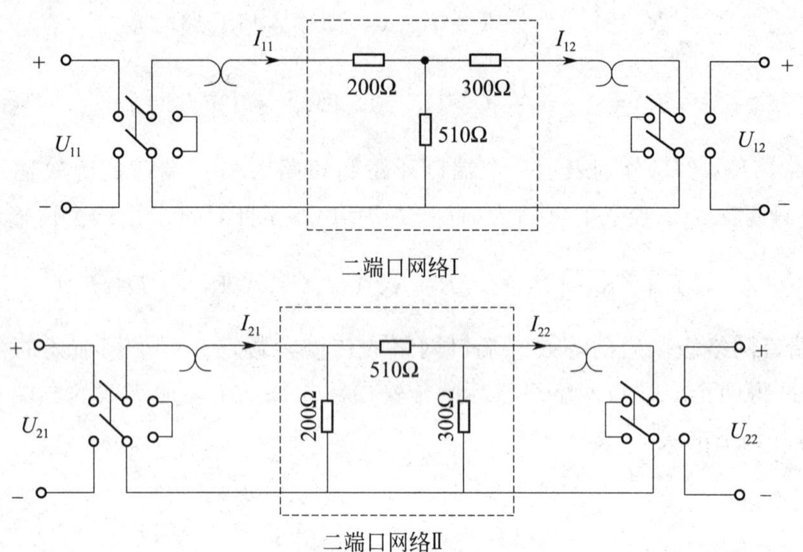

图 2-12-2　二端口网络测量线路

① 按同时测量法分别测定两个二端口网络的传输参数 A_1、B_1、C_1、D_1 和 A_2、B_2、C_2、D_2，并列出它们的传输方程。结果记入表 2-12-1 中。

表 2-12-1　二端口网络的测量

二端口网络Ⅰ	输出端开路 $I_{12}=0$	测　量　值			计　算　值	
		U_{11o}/V	U_{12o}/V	I_{11o}/mA	A_1	B_1
	输出端短路 $U_{12}=0$	U_{11s}/V	I_{11s}/mA	I_{12s}/mA	C_1	D_1
二端口网络Ⅱ	输出端开路 $I_{22}=0$	测　量　值			计　算　值	
		U_{21o}/V	U_{22o}/V	I_{21o}/mA	A_2	B_2
	输出端短路 $U_{22}=0$	U_{21s}/V	I_{21s}/mA	I_{22s}/mA	C_2	D_2

② 将两个二端口网络级联，即将网络Ⅰ的输出接至网络Ⅱ的输入。用二端口分别测量法测量级联后等效二端口网络的传输参数 A、B、C、D，结果记入表 2-12-2 中，并验证等效二端口网络传输参数与级联的两个二端口网络传输参数之间的关系。

表 2-12-2　级联二端口网络的测量

输出端开路 $I_2=0$			输出端短路 $U_2=0$			计算传输参数
U_{1o} /V	I_{1o} /mA	R_{1o} /kΩ	U_{1s} /V	I_{1s} /mA	R_{1s} /kΩ	
输入端开路 $I_1=0$			输入端短路 $U_1=0$			$A=$ $B=$ $C=$ $D=$
U_{2o} /V	I_{2o} /mA	R_{2o} /kΩ	U_{2s} /V	I_{2s} /mA	R_{2s} /kΩ	

七、作业

① 完成对数据表格的测量和计算任务。

② 列写参数方程。

③ 验证级联后等效双口网络的传输参数与级联的两个双口网络传输参数之间的关系。

④ 总结、归纳双口网络的测试技术。

项目十三　单相铁芯变压器特性的测试

一、目的

① 掌握如何确定变压器的变比和参数。

② 测定变压器的空载特性与外特性。

③ 学习利用变压器短路试验测量变压器铜损的方法。

二、预备知识

1. 相关计算

图 2-13-1 为测试变压器参数的电路。由各仪表读得变压器原边（AX，低压侧）的 U_1、I_1、P_1及副边（ax，高压侧）的 U_2、I_2，并用万用表 $R\times1$ 挡测出原、副绕组的电

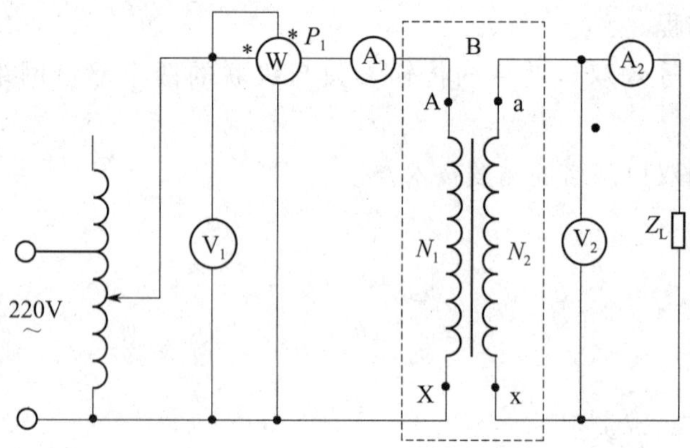

图 2-13-1　测试变压器参数电路

阻 R_1和 R_2，即可算得变压器的以下各项参数值：

电压比 $K_u=\dfrac{U_1}{U_2}$　　电流比　$K_I=\dfrac{I_2}{I_1}$

原边阻抗 $Z_1=\dfrac{U_1}{I_1}$　　副边阻抗　$Z_2=\dfrac{U_2}{I_2}$

阻抗比$=\dfrac{Z_1}{Z_2}$　　负载功率 $P_2=U_2I_2\cos\phi_2$

损耗功率 $P_0=P_1-P_2$

功率因数$=\dfrac{P_1}{U_1I_1}$　　原边线圈铜耗 $P_{Cu1}=I_1^2R_1$

副边铜耗 $P_{Cu2}=I_2^2R_2$　　铁耗 $P_{Fe}=P_o-(P_{Cu1}+P_{Cu2})$

2. 变压器

铁芯变压器是一个非线性元件。变压器原边加额定电压 U_{1N}、副边开路的工作状态称变压器空载。空载时测得的电流称为空载电流 I_0，测得的功率 P_0称空载损耗。空载

损耗包括原边电阻 R_1 上的铜损耗 P_{Cu0} 和铁芯损耗 P_{Fe}（涡流损耗和磁滞损耗），即 $P_0=P_{Cu0}+P_{Fe}=I_0^2R_1+P_{Fe}$。通常变压器空载电流很小，$I_0=(5\%\sim12\%)I_N$ 左右。R_1 也很小，故空载损耗可认为就是铁芯损耗，$P_0\approx P_{Fe}$。

变压器的变比是在空载时测定的，变比 K_u 为 U_{1N}/U_{20}，式中，U_{1N} 为原边电压，U_{20} 为副边空载时的电压。在变压器中，副边空载时，原边电压 U_1 与空载电流 I_0 的关系 $I_0=f(U_1)$ 称为空载特性曲线，这与铁芯的磁化曲线（B-H 曲线）是一致的。

空载试验通常是将高压侧开路，由低压侧通电进行测量，又因空载时功率因数很低，故测量功率时应采用低功率因数瓦特表。此外，因变压器空载时阻抗很大，故电压表应接在电流表外侧。

3. 变压器外特性测试

变压器原、副绕组都具有内阻抗，即使原边电源电压 U_1 不变，副边电压 U_2 也将随负载电流 I_2 的变化而变化。在 U_1 一定，负载功率因数 $\cos\phi$ 不变时，U_2 与 I_2 的关系 $U_2=f(I_2)$ 称为变压器的外特性。对于电阻性或电感性负载，U_2 随负载电流 I_2 的增大而减小。

为了满足三组灯泡负载额定电压为 220V 的要求，故以变压器的低压（36V）绕组作为原边，220V 的高压绕组作为副边，即当作一台升压变压器使用。

在保持原边电压 U_1（=36V）不变时，逐次增加灯泡负载（每只灯为 25W），测定 U_1、U_2、I_1 和 I_2，即可绘出变压器的外特性，即负载特性曲线 $U_2=f(I_2)$。

三、设备

序号	名　称	型号与规格	备注
1	交流电压表	0～450V	
2	交流电流表	0～5A	
3	单相功率表		
4	三相调压器		
5	单相变压器	220V/36V,50V·A	DGJ-04
6	白炽灯	220V,25W	DGJ-04

四、注意事项

① 由负载测量转到短路测量时，要注意及时变更仪表量程。

② 短路试验时，必须用电压表监视调压器的输出电压。电源电压一定从 0V 开始缓慢微调，防止过高电压而损坏设备，且要注意安全，以防高压触电。

③ 在接线和拆线时，务必关闭电源，然后再操作。遇异常情况，应立即断开电源，待处理好故障后，再继续实训。

④ 功率表要正确接入电路。电压线圈 U*-U 要与被测电路并联，电流线圈 I*-I 要与

被测电路串联，并且两个线圈的对应端子（同名端）应接在电源的同一点上。

五、预习检测与思考

① 实训前必须将调压器手柄置于输出电压为__________（0V、220V、380V）的位置。

② 负载测量时，调压器的输出电压必须控制在__________（220V、36V）以内。

③ 变压器的空载特性曲线是__________。

④ 变压器外特性曲线是__________。

⑤ 一台变压器铭牌丢失，不知原边的额定电压是多少，能否通过试验作出正确判定?

六、实训内容

1. 变压器的空载测量

按图 2-13-1 线路接线。其中 A、X 为变压器的低压绕组，a、x 为变压器的高压绕组。即电源经三相调压器接至变压器低压 36V 绕组，高压 220V 绕组 220V 开路。

调节三相调压器，使输出电压 U_1 为 36V 的 1.2 倍（43V），然后逐次调低 U_1 电压值，在 43～18V[(1.2～0.5)U_1]的范围内，测量变压器的 U_0、I_0、P_0，结果记入表 2-13-1中。

表 2-13-1 变压器空载数据

U_1/V	U_{20}/V	I_{10}/A	P_0/W	$K_u=U_1/U_{20}$
43				
36				
18				

2. 变压器的负载测量

按图 2-13-1 线路接线。其中 A、X 为变压器的低压绕组，a、x 为变压器的高压绕组。即电源经三相调压器接至变压器低压绕组，高压绕组 220V 接 Z_L，即 25W 的灯组负载（3 只灯泡并联），经指导教师检查后方可进行测量。

将调压器手柄置于输出电压为零的位置（逆时针旋到底），合上电源开关，并调节调压器，使其输出相电压为 36V。令负载开路及逐次增加负载（最多亮 5 个灯泡），分别记下五个仪表的读数，记入表 2-13-2 中，绘制变压器外特性曲线。实训完毕，将调压器调回零位，断开电源。

表 2-13-2　变压器的负载测量

顺序	负载情况	U_1/V	U_2/V	I_1/A	I_2/A	P/W	U_1/U_2
1	空载						
2	负载 1						
3	负载 2						
4	负载 3						
5	负载 4						

3. 变压器的短路测量

做变压器的短路测量时，首先将三相调压器的输出电压调为 0V，然后将变压器高压绕组（220V）接到调压器的输出端，变压器低压绕组（36V）短接，如图 2-13-2 所示，再缓慢微调升高三相调压器的输出电压，直到短路电流 I_K达到 $1.1I_N$为止，测量此时的电压 U_K和功率 P_K，结果记入表 2-13-3。

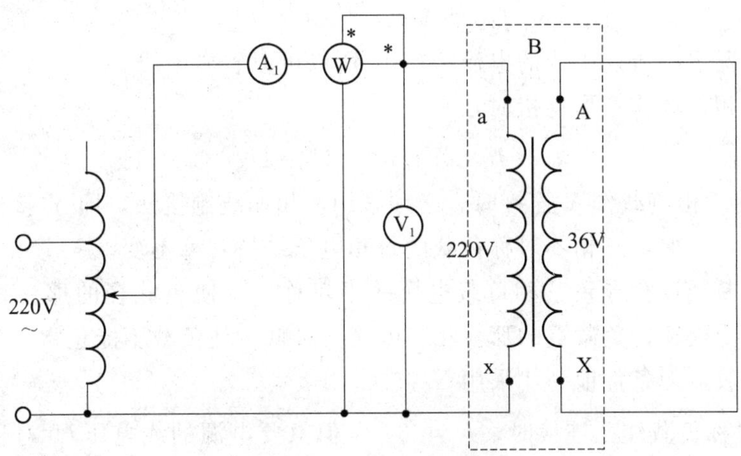

图 2-13-2　短路测量电路

表 2-13-3　变压器的短路测量

参数	I_K/A	P_K/W	U_K/V
$0.5I_N$			
$1.1I_N$			

七、作业

① 根据测量数据，绘出变压器的外特性曲线和空载特性曲线。

② 根据额定负载时测得的数据，计算变压器的各项参数。

③ 计算变压器的电压调整率 $\Delta U\%=\dfrac{U_{20}-U_{2N}}{U_{20}}\times 100\%$。

④ 比较图 2-13-1 和图 2-13-2，即空载测量和短路测量的电路，仪表的布置有什么不同？布置不合适为什么会引出测量误差？

项目十四　三相交流电路的测量

一、目的

① 掌握三相负载作星形连接、三角形连接的方法，验证这两种接法下线、相电压及线、相电流之间的关系。

② 充分理解三相四线供电系统中中线的作用。

二、预备知识

① 三相负载可接成星形（又称“Y”接法）或三角形（又称“△”接法）。当三相对称负载作Y形连接时，线电压U_L是相电压U_p的$\sqrt{3}$倍。线电流I_L等于相电流I_p，即

$$U_L=\sqrt{3}U_p,\qquad I_L=I_p$$

在这种情况下，流过中线的电流$I_0=0$，所以可以省去中线。

当对称三相负载作△形连接时，有

$$I_L=\sqrt{3}I_p,\qquad U_L=U_p$$

② 不对称三相负载作Y连接时，必须采用三相四线制接法，即Y_0接法，而且中线必须牢固连接，以保证三相不对称负载的每相电压维持对称不变。

倘若中线断开，会导致三相负载电压的不对称，致使负载轻的那一相的相电压过高，使负载遭受损坏；负载重的那一相相电压又过低，使负载不能正常工作。尤其是对于三相照明负载，无条件地一律采用Y_0接法。

③ 当不对称负载作△连接时，$I_L\neq\sqrt{3}I_p$，但只要电源的线电压U_L对称，加在三相负载上的电压仍是对称的，对各相负载工作没有影响。

三、设备

序号	名　称	型号与规格	备注
1	交流电压表	0～500V	
2	交流电流表	0～5A	
3	万用表		
4	三相调压器		
5	三相灯组负载	220V,25W白炽灯	DGJ-04
6	电流插座		DGJ-04

四、注意事项

① 本实训采用三相交流市电，调压器输入线电压为380V，实训所需调压器输出线

电压为 220V。操作中要注意人身安全，不可触及导电部件，防止意外事故发生。

② 每次接线完毕，同组同学应自查一遍，然后由指导老师检查后，方可接通电源。必须严格遵守先断电、再接线、后通电；先断电、后拆线的操作原则。

③ 做三相负载星形连接内容时，当负载不对称（或一相负载开路）且无中线时，负载承受的电压变化很大，有的负载承受的电压会超过其额定值。因此，三相调压器输出的线电压＜240V 为宜。

五、预习检测与思考

① 实训中应遵循先__________，再__________的原则；实训完毕应遵循先__________，后__________操作原则。

② 进行三相负载三角形连接实训时，三相调压器输出的线电压应为__________（220V、380V）。

③ 不对称三相负载做星形连接时，必须采用__________（三相三线制、三相四线制）接法。

④ 负载接到电源上，选择星形接法或三角形接法的依据是__________（负载的额定电压、负载的额定功率）。

⑤ 本次实训中为什么要通过三相调压器将 380V 的市电线电压降为 220V 的线电压使用？

六、实训内容

1. 三相负载星形连接（三相四线制供电）

按图 2-14-1 线路组接测量电路，即三相灯组负载经三相调压器接通三相对称电源。将三相调压器的旋柄置于输出为 0V 的位置（即逆时针旋到底）。经指导老师检查合格

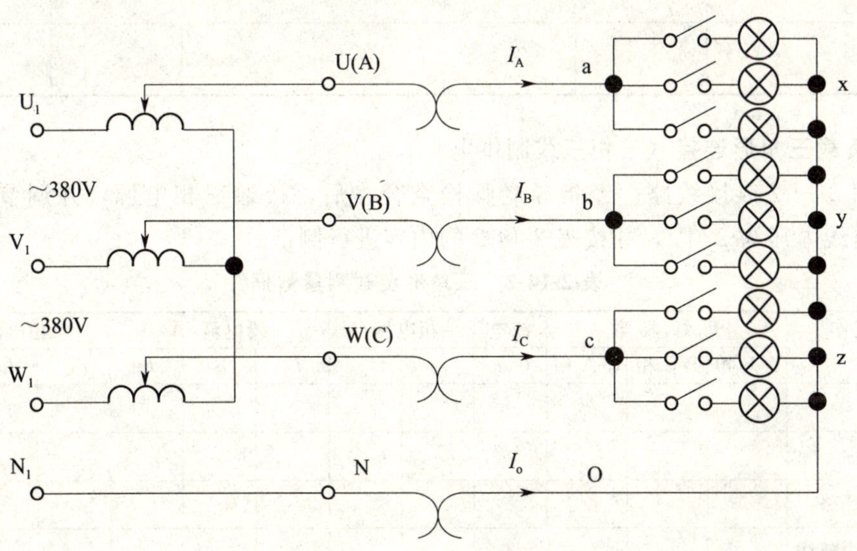

图 2-14-1　负载的星形接法

后，开启实验台电源，然后调节三相调压器的输出，使输出电源的线电压为220V，并按表2-14-1所述内容，分别测量三相负载的线电压、相电压、线电流、相电流、中线电流、电源中点与负载中点间的电压，同时观察各种负载情况下灯组亮暗的变化程度，特别要注意观察中线的作用。

表2-14-1　星形负载的测量数据

负载 测量		负载对称		负载不对称		A相负载开路	
		有中线	无中线	有中线	无中线	有中线	无中线
开灯盏数	A相						
	B相						
	C相						
线电压/V	U_{AB}						
	U_{BC}						
	U_{CA}						
相电压/V	U_{AO}						
	U_{BO}						
	U_{CO}						
线电流/A	I_A						
	I_B						
	I_C						
中点电压	U_{NO}						
中线电流	I_o/A						
灯泡亮度变化							

2. 负载三角形连接（三相三线制供电）

按图2-14-2改接线路，经指导老师检查合格后，接通三相电源，并调节调压器，使其输出线电压为220V，并按表2-14-2的内容进行测试。

表2-14-2　三角形负载测量数据

电路工作状态	开灯盏数			线电压=相电压/V			线电流/A			相电流/A		
	A-B相	B-C相	C-A相	U_{AB}	U_{BC}	U_{CA}	I_A	I_B	I_C	I_{AB}	I_{BC}	I_{CA}
负载对称												
负载不对称												
一相负载开路												
电源一端线断线												

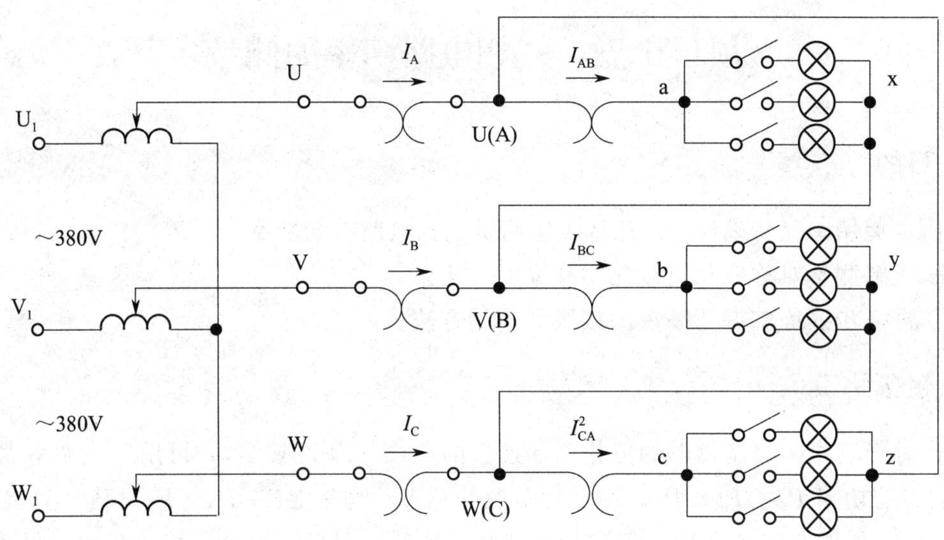

图 2-14-2　负载的三角形接法

七、作业

① 整理数据，用测量数据验证对称三相电路中的$\sqrt{3}$关系。

② 用测量数据和观察到的现象，总结三相四线供电系统中中线的作用。

③ 不对称三角形连接的负载能否正常工作？测量结果是否能说明这一点？

④ 根据不对称负载三角形连接时的相电流值作相量图，并求出线电流值，然后与测得的线电流作比较，分析之。

⑤ 本次实训对你而言有哪些收获呢？

项目十五　三相电路功率的测量

一、目的

① 掌握用一瓦特表法、二瓦特表法测量三相电路有功功率。

② 了解测量对称三相负载无功功率的方法。

③ 进一步熟练掌握功率表的接线和使用方法。

二、预备知识

① 对于三相四线制供电的三相星形连接的负载（即Y_0接法），可用一只功率表测量各相的有功功率P_A、P_B、P_C，则三相负载的总有功功率$\Sigma P=P_A+P_B+P_C$。这就是一瓦特表法，如图 2-15-1 所示。若三相负载是对称的，则只需测量一相的功率，再乘以 3 即得三相总的有功功率。

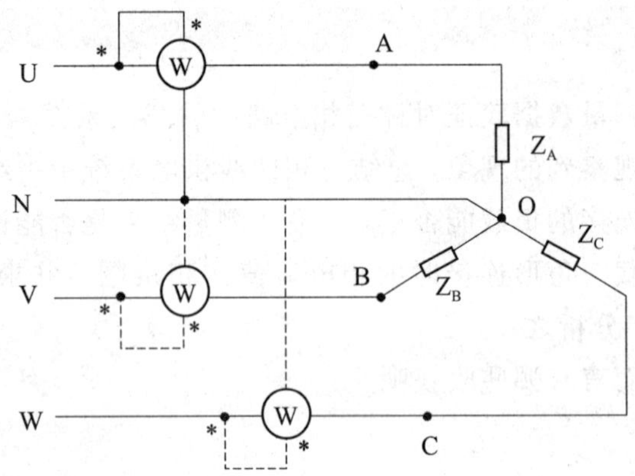

图 2-15-1　一瓦特表法

② 三相三线制供电系统中，不论三相负载是否对称，也不论负载是 Y 接还是△接，都可用二瓦特表法测量三相负载的总有功功率。测量线路如图 2-15-2 所示。在对称的三相负载中，两块功率表的读数与负载的功率因数之间有如下关系：

负载为纯电阻（即功率因数等于 1）时，两块功率表的读数相等；

负载的功率因数大于 0.5 时，两块功率表的读数均为正数；

负载的功率因数等于 0.5 时，其中一块功率表的读数为零；

负载的功率因数小于 0.5 时，其中一块功率表指针会反偏，这时，可通过调整正负旋钮使功率表正偏，但结果取负值。

三相总功率$\Sigma P=P_1+P_2$（P_1、P_2本身不含任何意义）。

除图 2-15-2 的I_A、U_{AC}与I_B、U_{BC}接法外，还有I_B、U_{AB}与I_C、U_{AC}以及I_A、U_{AB}与I_C、U_{BC}两种接法。

③ 对于三相三线制供电的三相对称负载，可用一瓦特表法测得三相负载的总

无功功率 Q，测试原理线路如图 2-15-3 所示，当负载为感性时，功率表正向偏转，当负载为容性时，功率表反偏，此时，可调整正负旋钮，使功率表正偏，但结果取负值。

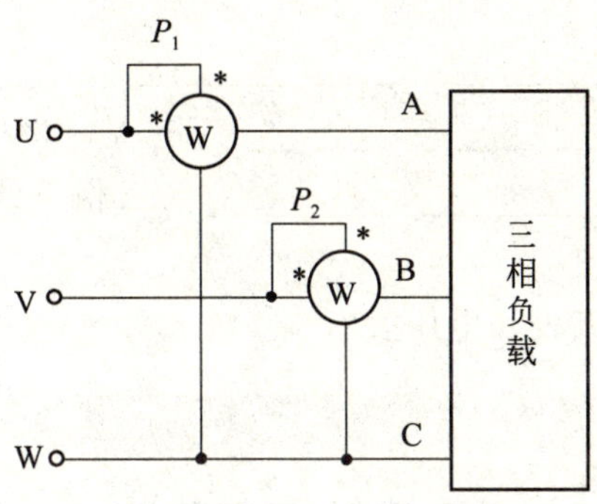

图 2-15-2 二瓦特表法

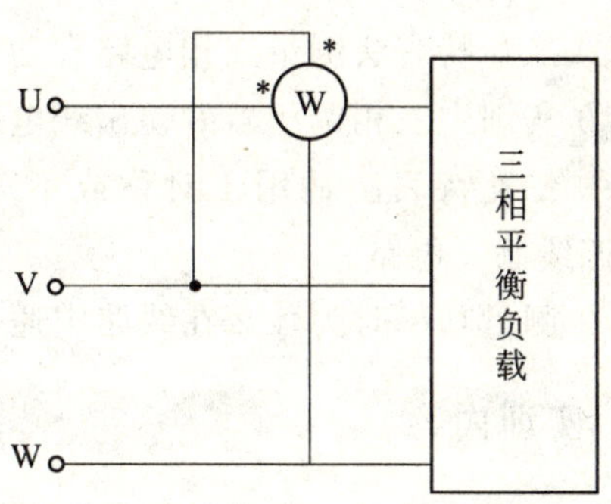

图 2-15-3 一瓦特法测总无功功率

图示功率表读数的$\sqrt{3}$倍，即为对称三相电路总的无功功率。除了此图给出的一种连接法（I_U、U_{VW}）外，还有另外两种连接法，即接成（I_V、U_{UW}）或（I_W、U_{UV}）。

三、设备

序号	名 称	型号与规格	备注
1	交流电压表	0～500V	
2	交流电流表	0～5A	
3	单相功率表		
4	万用表		
5	三相调压器		
6	三相灯组负载	220V,25W 白炽灯	DGJ-04
7	三相电容负载	1μF,2.2μF,4.7μF/ 500V	DGJ-05

四、注意事项

① 每次实训完毕，均需将三相调压器旋柄调回零位。每次改变接线，切记先断开三相电源，以确保人身安全。

② 二瓦特表法测量功率时，两块功率表电压线圈的发电机端 U* 必须各自接到其电流线圈的一端，电压线圈的另一端 U 必须同时接到没有接入功率表的一相上。

③ 在接线和拆线时，务必关闭电源，然后再操作。遇异常情况，应立即断开电源，待处理好故障后，再继续实训。

④ 功率表要正确接入电路。注意功率表的接线方法，分清电压线圈和电流线圈的

端子，电压线圈 U^{*}-U 要与被测电路并联，电流线圈 I^{*}-I 要与被测电路串联，并且两个线圈的对应端子（同名端）应接在电源的同一点上。

五、预习检测与思考

① 二瓦特表法测量三相电路有功功率的原理________________。

② 实训中三相调压器的输出线电压为________________（380V、220V）。

③ 二瓦特表法适用于对称或不对称的________________（三相三线制、三相四线制）电路。

④ 测量功率时为什么在线路中通常都接有电流表和电压表？

六、实训内容

1. 用一瓦特表法测定三相对称 Y_0 接以及不对称 Y_0 接负载的总功率 $\sum P$

按图 2-15-4 线路接线。线路中的电流表和电压表用以监视该相的电流和电压不要超过功率表电压和电流的量程。

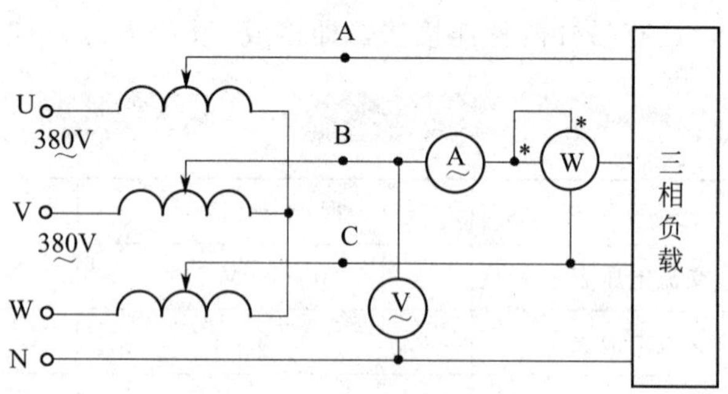

图 2-15-4 一瓦特表法测功率

经指导教师检查后，接通三相电源，调节调压器输出，使输出线电压为 220V，按表 2-15-1 的要求进行测量及计算。

表 2-15-1 三相四线制电路功率的测量

负载情况	开灯盏数			测量数据			计算值
	A 相	B 相	C 相	P_A/W	P_B/W	P_C/W	$\sum P$/W
Y_0接对称负载							
Y_0接不对称负载							

首先将三只表按图 2-15-4 接入 B 相进行测量，然后分别将三只表换接到 A 相和 C 相，再进行测量。

2. 用二瓦特表法测定三相负载的总功率

① 按图 2-15-5 接线，将三相灯组负载接成 Y 形接法。

经指导教师检查后，接通三相电源，调节调压器的输出线电压为 220V，按表2-15-2 的内容进行测量和计算。

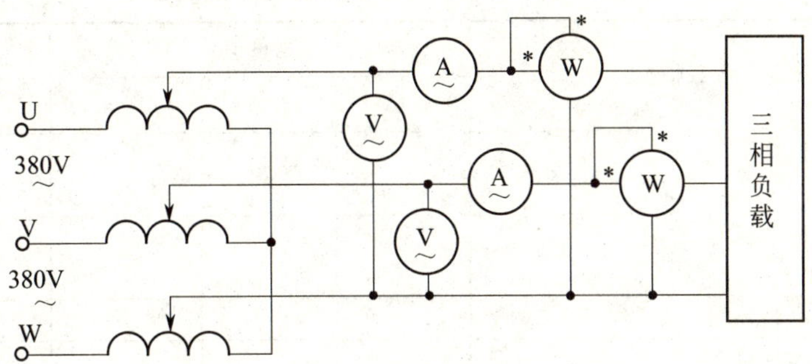

图 2-15-5　Y 形接法

② 将三相灯组负载改成△形接法，按表 2-15-2 所述要求重新测量数据。

表 2-15-2　三相三线制电路功率的测量

负载情况	开灯盏数			测量数据		计算值
	A 相	B 相	C 相	P_1/W	P_2/W	ΣP/W
Y 接平衡负载						
Y 接不平衡负载						
△接不平衡负载						
△接平衡负载						

③ 将两只瓦特表依次按另外两种接法接入线路，重复①、②的测量。

3. 用一瓦特表法测定三相对称星形负载的无功功率

按图 2-15-6 所示的电路接线。

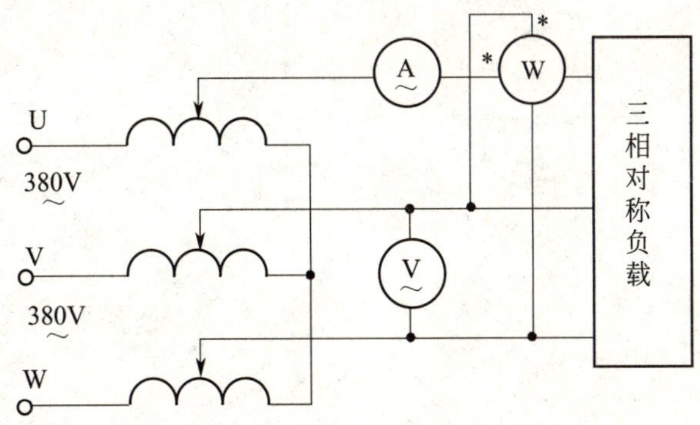

图 2-15-6　一瓦特表法测无功功率

① 每相负载由白炽灯和电容器并联而成，并由开关控制其接入。检查接线无误后，接通三相电源，将调压器的输出线电压调到 220V，读取三表的读数，并计算无功功率 ΣQ，记入表 2-15-3。

② 分别按 I_V、U_{UW} 和 I_W、U_{UV} 接法，重复①的测量，结果记入表 2-15-3 中，并比较各自的 ΣQ 值。

表 2-15-3 三相对称负载无功功率的测量

接法	负载情况	测量值			计算值
		U/V	I/A	Q/var	$\sum Q=\sqrt{3}Q$
I_U U_{VW}	三相对称灯组（每相开 3 盏）				
	三相对称电容器（每相 4.7μF）				
	灯组与电容并联				
I_V U_{UW}	三相对称灯组（每相开 3 盏）				
	三相对称电容器（每相 4.7μF）				
	灯组与电容并联				
I_W U_{UV}	三相对称灯组（每相开 3 盏）				
	三相对称电容器（每相 4.7μF）				
	灯组与电容并联				

七、作业

① 整理数据，比较一瓦特表和二瓦特表法的测量结果。

② 根据表 2-15-3 的测量数据，说明负载的无功功率什么情况下为零？为什么？

③ 总结、分析三相电路功率测量的方法与结果。

项目十六　单相电度表的校验

一、目的

① 掌握电度表的接线方法。

② 了解电度表的结构与工作原理。

③ 学会电度表的校验方法。

二、预备知识

① 电度表是一种感应式仪表，是根据交变磁场在金属中产生感应电流，从而产生转矩的基本原理而工作的仪表，主要用于测量交流电路中的电能。它的指示器能随着电能的不断增大（也就是随着时间的延续）而连续地转动，从而能随时反映出电能积累的总数值。因此，它的指示器是一个“积算机构”，是将转动部分通过齿轮传动机构折换为被测电能的数值，由数字及刻度直接指示出来。

它的驱动元件是由电压铁芯线圈和电流铁芯线圈在空间上、下排列，中间隔以铝制的圆盘。驱动两个铁芯线圈的交流电，建立起合成的特殊分布的交变磁场。交变的磁场穿过铝盘，在铝盘上产生出感应电流。该电流与磁场的相互作用结果产生转动力矩驱使铝盘转动。

铝盘上方装有一个永久磁铁，其作用是对转动的铝盘产生制动力矩，使铝盘转速与负载功率成正比。因此，在某一测量时间内，负载所消耗的电能 W 就与铝盘的转数 n 成正比，即

$$N=\frac{n}{W}$$

比例系数 N 称为电度表常数，常在电度表上标明，其单位是转/千瓦小时（r/kW·h）。

② 电度表的灵敏度是指在额定电压、额定频率及 $\cos\phi=1$ 的条件下，从零开始调节负载电流，测出铝盘开始转动的最小电流值 I_{min}，则仪表的灵敏度表示为：

$$S=\frac{I_{min}}{I_N}\times 100\%$$

式中，I_N为电度表的额定电流；I_{min}通常较小，约为 I_N的 0.5%。

③ 电度表的潜动是指负载电流等于零时，电度表仍出现缓慢转动的现象。按照规定，无负载电流时，在电度表的电压线圈上施加其额定电压的 110%（达 242V）时，观察其铝盘的转动是否超过一圈。凡超过一圈者，判为潜动不合格。

④ 电度表接线时一般应符合“火线 1 进 2 出、零线 3 进 4 出”的原则。

三、设备

序号	名　称	型号与规格	备　注
1	单相电度表	1.5(6)A	
2	单相功率表		
3	交流电压表	0～500V	
4	交流电流表	0～5A	
5	三相调压器		
6	白炽灯	220V,25W	DGJ-04
7	秒表		自备
8	电阻	10kΩ/8W	DGJ-05

四、注意事项

① 电度表应立式放置。测量时，只要将电度表挂在DGJ-04挂箱上的相应位置，并用螺母紧固即可。接线时要卸下护板。测量完毕，拆除线路后，要装回护板。

② 记录时，同组同学要密切配合。秒表定时、读取转数和电度表读数步调要一致，以确保测量的准确性。

③ 实训中用到220V强电，操作时应注意安全。凡需改动接线，必须切断电源，接好线后，检查无误后才能通电。

④ 遇异常情况，应立即断开电源，待处理好故障后，再继续实训。

⑤ 功率表要正确接入电路。注意功率表的接线方法，分清电压线圈和电流线圈的端子，电压线圈 U^*-U 要与被测电路并联，电流线圈 I^*-I 要与被测电路串联，并且两个线圈的对应端子（同名端）应接在电源的同一点上。

五、预习检测与思考

① 检查电度表的潜动时，调压器输出电压为__________。

② 接线时，电度表的电流线圈与负载__________（串联、并联），电压线圈与负载__________（串联、并联）。

③ 如果电度表常数为2000r/kW·h，则铝盘转过60圈时，负载所消耗的电能是__________度。

④ 电度表接线有哪些错误接法？它们会造成什么后果？

六、实训内容

记录被校验电度表的数据：

额定电流 I_N=__________，额定电压 U_N=__________，

电度表常数 $N=$__________，准确度为__________。

1. 用功率表、秒表法校验电度表的准确度

按图 2-16-1 接线。电度表的接线与功率表相同，其电流线圈与负载串联，电压线圈与负载并联。

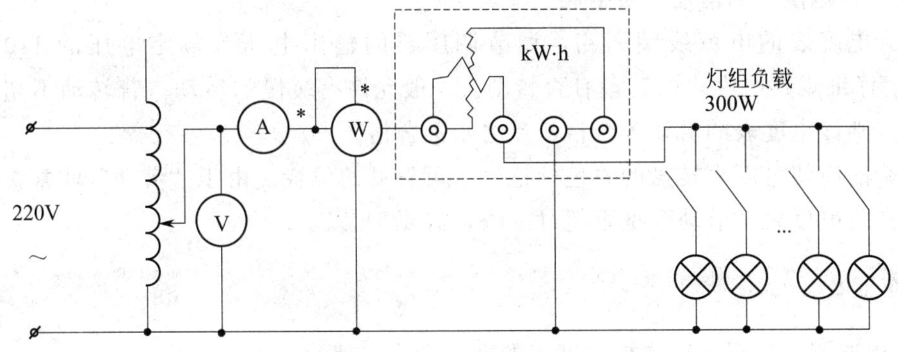

图 2-16-1　校验电度表准确度

线路经指导教师检查无误后，接通电源。将调压器的输出电压调到 220V，按表 2-16-1 的要求接通灯组负载，用秒表定时记录电度表转盘的转数及记录各仪表的读数。

为了准确地计时与数铝盘转动圈数，可将电度表转盘上的一小段着色标记刚出现（或刚结束）时作为秒表计时的开始，并同时读出电度表的起始读数。此外，为了能记录整数转数，可先预定好转数，待电度表转盘刚转完此转数时，作为秒表测定时间的终点，并同时读出电度表的终止读数。所有数据记入表 2-16-1。

建议 n 取 24 圈，则 300W 负载时，需时 2min 左右。

表 2-16-1　准确度校验的数据

负载情况	测量值					计算值		
	U/V	I/A	P/kW	测定时间 t/h	转数 /n	实测电能 $W_X=\frac{n}{N}$(kW·h)	计算电能 $W_0=pt$(kW·h)	$\frac{W_0-W_X}{W_0}$
150W								
275W								

为了准确和熟悉起见，可重复多做几次。

2. 电度表灵敏度的测试

电度表铝盘刚开始转动的电流往往很小，通常只有 $0.5\% I_N$，故将图 2-16-1 中的灯组负载改成三组灯组相串联，并全部用 220V、25W 灯泡。再在电度表与灯组负载之间串接 8W/30～10kΩ 的电阻（取自 DGJ-05 挂箱上的 8W/10kΩ、20kΩ 电阻），每组先开通一只灯泡，接通 220V 后看电度表转盘是否开始转动。然后逐只增加灯泡或者减少电阻，直到铝盘开始转动，记下此时的电流数值 I_{min}，并计算出电度表的灵敏度 S，与其标称值比较。

I_{min} = ____________________

S= ____________________

做此内容前应使电度表转盘的着色标记处于可看见的位置。由于负载很小，转盘的转动很缓慢，必须耐心观察。

3. 检查电度表的潜动是否合格

断开电度表的电流线圈回路，调节调压器的输出电压为额定电压的 110%（即 242V），仔细观察电度表的转盘有否转动。一般允许有缓慢的转动。若转动不超过一圈即停止，则该电度表的潜动为合格，反之则不合格。

实验前应使电度表转盘的着色标记处于可看见的位置。由于“潜动”非常缓慢，要观察正常的电度表“潜动”是否超过一圈，需要 1h 以上。

七、作业

① 整理测量数据，对被校电度表的准确度作出评论。

② 你认为校表工作如何？

项目十七　回　转　器

一、目的

① 掌握回转器的基本特性。

② 掌握回转器基本参数的测试方法。

③ 了解回转器的应用。

二、预备知识

① 回转器是一种有源非互易的新型二端口网络元件，电路符号及其等效电路如图 2-17-1 所示。

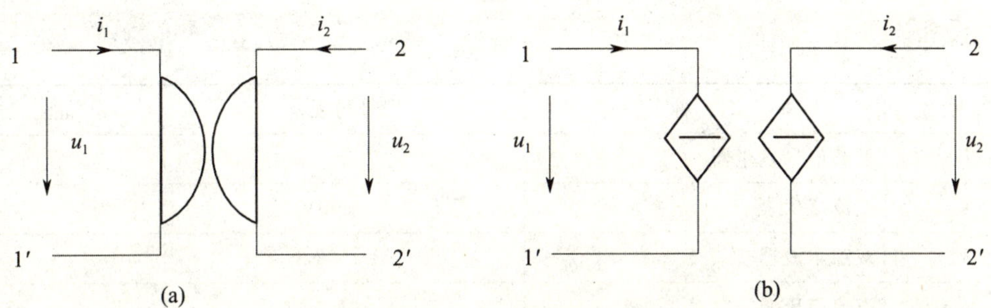

图 2-17-1　二端口网络元件

理想回转器的导纳方程如下：

$$\begin{vmatrix} I_1 \\ I_2 \end{vmatrix} = \begin{vmatrix} 0 & g \\ -g & 0 \end{vmatrix} \begin{vmatrix} u_1 \\ u_2 \end{vmatrix}$$，或写成 $i_1 = gu_2$，$i_2 = -gu_1$

也可写成电阻方程：

$$\begin{vmatrix} u_1 \\ u_2 \end{vmatrix} = \begin{vmatrix} 0 & -R \\ R & 0 \end{vmatrix} \begin{vmatrix} i_1 \\ i_2 \end{vmatrix}$$，或写成 $u_1 = -Ri_2$，$u_2 = Ri_1$

式中，g 和 R 分别称为回转电导和回转电阻，统称为回转常数。

② 若在 2-2′端接一电容负载 C，则从 1-1′端看进去就相当于一个电感，即回转器能把一个电容元件“回转”成一个电感元件；相反也可以把一个电感元件“回转”成一个电容元件，所以也称为阻抗逆变器。2-2′端接有 C 后，从 1-1′端看进去的导纳 Y_i 为

$$Y_i = \frac{i_1}{u_1} = \frac{gu_2}{-i_2/g} = \frac{-g^2 u_2}{i_2} \qquad \frac{u_2}{i_2} = -Z_L = \frac{1}{j\omega C}$$

$$\therefore \quad Y_i = g^2/j\omega C = \frac{1}{j\omega L}$$

式中，$L = \frac{C}{g^2}$为等效电感。

③ 回转器具有的这种能方便地把电容“回转”成电感的性质，在大规模集成电路

生产中得到重要的应用，因为在集成电路制造中，制造一个电容元件比制造电感元件容易得多，可以用一带有电容负载的回转器来获得数值较大的电感。

图 2-17-2 为用运算放大器组成的回转器电路图。

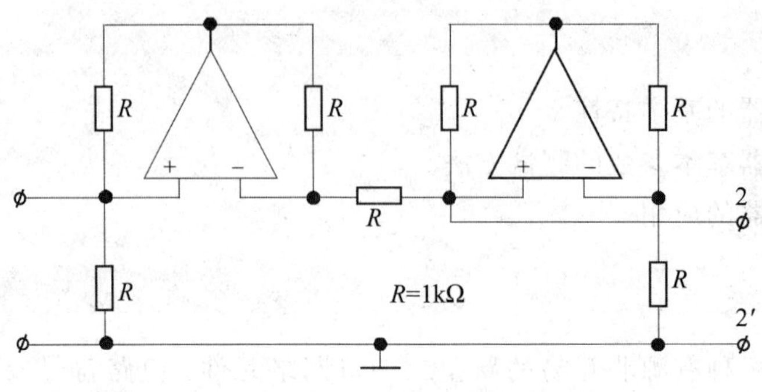

图 2-17-2 回转器电路图

三、设备

序号	名 称	型号与规格	备注
1	低频信号发生器		
2	交流毫伏表	0～600V	
3	双踪示波器	ADS1022c	
4	直流稳压源	0～30V	
5	直流电压表	0～200V	
6	可变电阻箱	0～99999.9Ω	DGJ-05
7	电容器	0.1μF，1μF	DGJ-05
8	电阻器	1kΩ	DGJ-05
9	回转器电路板		

四、注意事项

① 回转器的正常工作条件是 u 或 u_1、i_1 的波形必须是正弦波。为避免运算放大器进入饱和状态使波形失真，输入信号电压不宜过大。

② 在验证回转器非互易性测量中，电源采用直流稳压源。用直流电压表测量电阻电压时，注意结果的正负。

③ 用示波器观察双踪波形时，要特别注意相应功能键、旋钮的操作与调节。数字示波器的使用说明可看项目七。

五、预习检测与思考

① 回转器是一种＿＿＿＿＿＿（有源互易、有源非互易）的二端口网络元件。

② 实验中信号源频率选定在____________ kHz，U 恒定在____________ V。

③ u 或 u_1 的波形必须是____________（方波、正弦波、三角波），是回转器正常工作的条件。

④ 回转常数包括____________。

⑤ 图 2-17-3 电路中 R_s 起何作用？

六、实训内容

1. 测定回转常数

电路如图 2-17-3 所示。R_s 跨接于实验台面板上 G 线路板左下部的两个插孔间。在图 2-17-3 的 2-2′端接纯电阻负载（电阻箱），信号源频率固定在 1kHz，信号源电压≤3V。

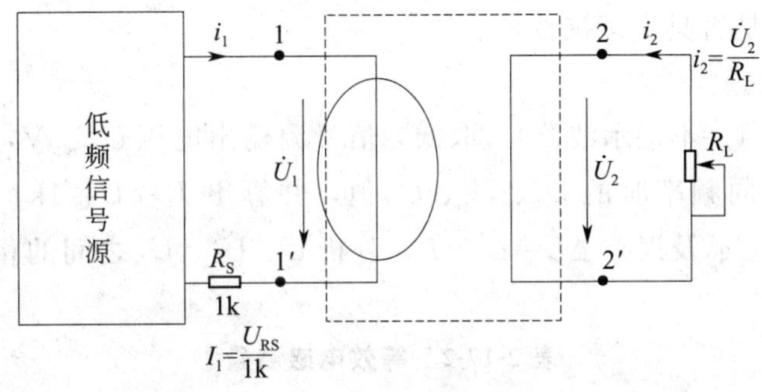

图 2-17-3　测定回转常数电路图

用交流毫伏表测量不同负载电阻 R_L 时的 U_1、U_2 和 U_{RS}，并计算相应的电流 I_1、I_2 和回转常数 g，一并记入表 2-17-1 中。

2. 观察输入电压与输入电流的相位关系

用双踪示波器观察回转器输入电压和输入电流之间的相位关系。

表 2-17-1　回转常数测量

R_L /Ω	测量值			计算值				
	U_1 /V	U_2 /V	U_{RS} /V	I_1 /mA	I_2 /mA	$g'=\frac{I_1}{U_2}$	$g''=\frac{I_2}{U_1}$	$g=\frac{g'+g''}{2}$
500								
1k								
1.5k								
2k								
4k								
7k								
12k								

按图 2-17-4 接线。信号源的高端接 1 端，低（“地”）端接 M，示波器探头的“地”端接 M，CH1、CH2 分别接 1、1′端。

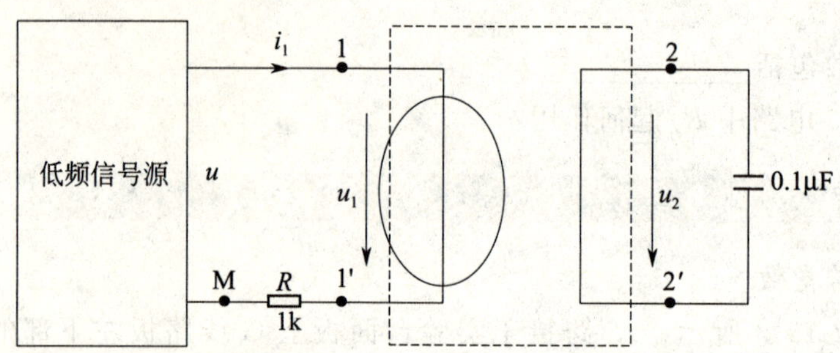

图 2-17-4 观察输入电压与输入电流相位关系电路图

在 2-2′端接电容负载 $C=0.1\mu F$，取信号电压 $U\leqslant 3V$，频率 $f=1kHz$。观察 i_1 与 u_1 之间的相位关系，是否具有感抗特征。

3. 测量等效电感

电路同图 2-17-4（不接示波器）。取低频信号源输出电压 $U\leqslant 3V$，并保持恒定。用交流毫伏表测量不同频率时的 U_1、U_2、U_R 值，并算出 $I_1=U_R/1k$，$g=I_1/U_2$，$L'=U_1/(2\pi f I_1)$，$L=C/g^2$ 及误差 $\Delta L=L'-L$，分析 U、U_1、U_R 之间的相量关系。结果记入表 2-17-2 中。

表 2-17-2 等效电感测量

参数/Hz 频率	200	400	500	700	800	900	1000	1200	1300	1500	2000
U_2/V											
U_1/V											
U_R/V											
I_1/mA											
g/Ω^{-1}											
L'/H											
L/H											
ΔL/H											

谐振频率=______________

4. 用模拟电感组成 RLC 并联谐振电路

用回转器作电感，与电容器 $C=1\mu F$ 构成并联谐振电路，如图 2-17-5 所示。取 $U\leqslant 3V$ 并保持恒定，在 150Hz～2kHz 范围内改变函数信号发生器的输出频率，用毫伏表测量在不同频率时 1-1′端的电压 U_1，记入表 2-17-3。仔细找出 U_1 最大时的信号源频率（即谐振频率）并与理论计算的频率进行比较。

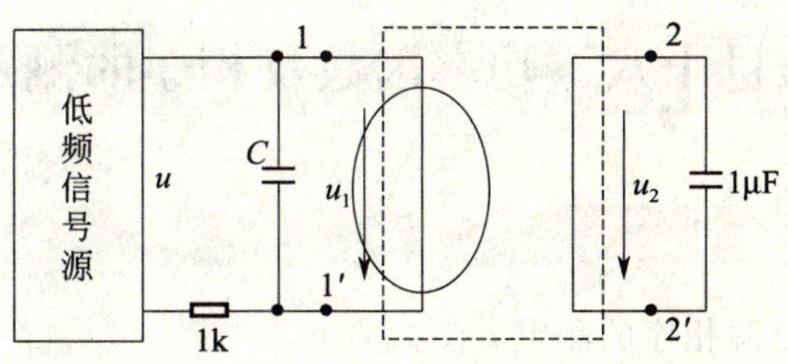

图 2-17-5　并联谐振电路

表 2-17-3　并联谐振测量

f/Hz	150									2000
U_1/V										

5. 验证非互易性

①按图 2-17-6（a）接线。调节稳压电源输出电压使 $U=2\text{V}$，用直流电压表测量 U_{R2}。

②按图 2-17-6(b) 接线。保持稳压电源输出电压使 $U=2\text{V}$，用直流电压表测量 U_{R1}（注意读数的正负）。

$U_{R2}=$ ＿＿＿＿＿＿ V　　$U_{R1}=$ ＿＿＿＿＿＿ V

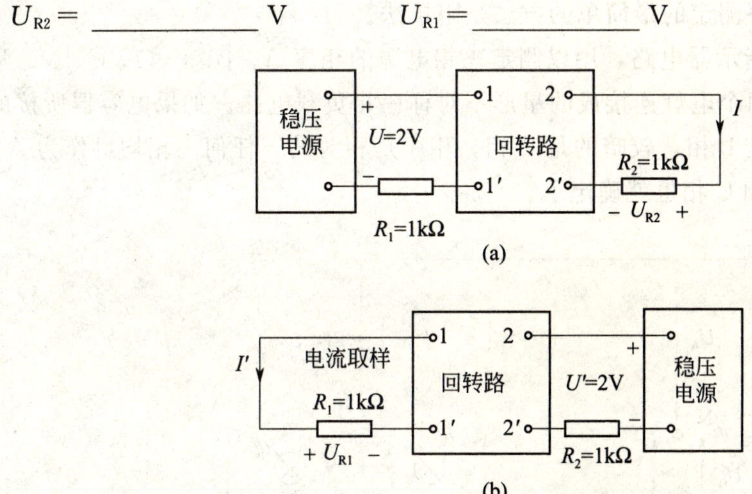

图 2-17-6　验证非互易性电路

七、作业

① 完成各项规定的内容（测试、计算、绘曲线等）。

② 画出示波器观察的回转器输入电压和输入电流波形。

③ 从各测量结果中总结回转器的性质、特点和应用。

项目十八　功率因数及相序的测定

一、目的

① 掌握三相交流电源相序的测定方法。

② 熟悉功率因数表的使用方法，了解负载性质对功率因数的影响。

二、预备知识

三相电源中，每相电压依次达到同一值（如正的最大值）的先后次序称为相序。三相电源相序有正相序和负相序之别，正相序为 A→B→C→A，即 B 相比 A 相滞后，C 相又比 B 相滞后；负相序为 C→B→A→C，即 B 相比 C 相滞后，A 相又比 B 相滞后。

工程上通常用的是正相序。A 相可以任意指定，但 A 相一经确定，那么比 A 相滞后的就是 B 相，而比 A 相超前的就是 C 相了，这是不能混淆的。在实际应用中，有时需要判断三相电源的相序。

三相交流电源相序测定的最简单的方法是阻抗法。

图 2-18-1 为相序指示器电路，用以测定三相电源的相序 A、B、C（或 U、V、W）。它是由一个电容器和两个电灯连接成的星形不对称三相负载电路。如果电容器所接的是 A 相，则灯光较亮的是 B 相，较暗的是 C 相。相序是相对的，任何一相均可作为 A 相。但 A 相确定后，B 相和 C 相也就确定了。

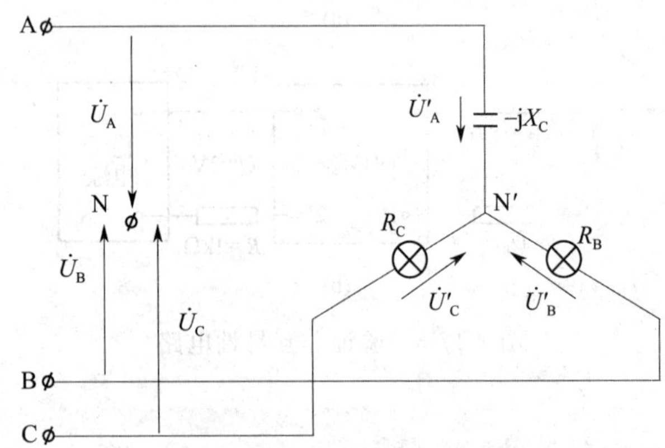

图 2-18-1　相序指示器电路

为了分析问题简单起见，设 $X_C=R_B=R_C=R$，$\dot{U}_A=U_p\angle 0°$，则

$$\dot{U}_{N'N}=\frac{U_p\left(\frac{1}{-jR}\right)+U_p\left(-\frac{1}{2}-j\frac{\sqrt{3}}{2}\right)\left(\frac{1}{R}\right)+U_p\left(-\frac{1}{2}+j\frac{\sqrt{3}}{2}\right)\left(\frac{1}{R}\right)}{-\frac{1}{jR}+\frac{1}{R}+\frac{1}{R}}$$

$$\dot{U}'_B=\dot{U}_B-\dot{U}_{N'N}=U_p\left(-\frac{1}{2}-j\frac{\sqrt{3}}{2}\right)-U_p(-0.2+j0.6)$$

$$=U_p(-0.3-j1.466)=1.49\angle-101.6°U_p$$

$$\dot{U}'_C=\dot{U}_C-\dot{U}_{N'N}=U_p\left(-\frac{1}{2}+j\frac{\sqrt{3}}{2}\right)-U_p(-0.2+j0.6)$$

$$=U_p(-0.3+j0.266)=0.4\angle-138.4°U_p$$

由于 $\dot{U}'_B>\dot{U}'_C$，故 B 相灯光较亮。

三、设备

序号	名　称	型号与规格	备注
1	单相功率表		DGJ-07
2	交流电压表	0～500V	
3	交流电流表	0～5A	
4	三相调压器	0～450V	
5	白炽灯组负载	25W/220V	DGJ-04
6	电感线圈	40W 镇流器	DGJ-04
7	电容器	1μF,4.7μF	DGJ-05

四、注意事项

① 每次改接线路都必须先断开电源，切记安全。

② 注意功率表的接线方法，分清电压线圈和电流线圈的端子，电压线圈 U*-U 要与被测电路并联，电流线圈 I*-I 要与被测电路串联，并且两个线圈的对应端子（同名端）应接在电源的同一点上。注意功率表和功率因数表的功能转换。

③ 测定三相电源相序时，用调压器将电源线电压调为 220V。

五、预习检测与思考

① 图 2-18-1 检测相序的原理是______。

② 图 2-18-2 中，功率表测量的结果是______（电路总功率、无功功率、有功功率）。

六、实训内容

1. 三相电源相序的测定

① 将调压器输出线电压调为 220V。

② 用 220V、25W 白炽灯和 1μF/500V 电容器，按图 2-18-1 接线，经三相调压器接

入线电压为 220V 的三相交流电源，观察两只灯泡的亮、暗，判断三相交流电源的相序。测量各相负载的相电压，结果记入表 2-18-1 中。

表 2-18-1 相电压测量数据

U_{AN}'	U_{BN}'	U_{CN}'

③ 将电源线任意调换两相后再接入电路，观察两灯的明亮状态，判断三相交流电源的相序。与之前判断是否一致？

2. 电路功率（*P*）和功率因数（cos*ϕ*）的测定

按图 2-18-2 接线，按表 2-18-2 所述在 A、B 间接入不同器件，记录 cos*ϕ* 表及其他各表的读数，结果记入表 2-18-2 中，并分析负载性质。

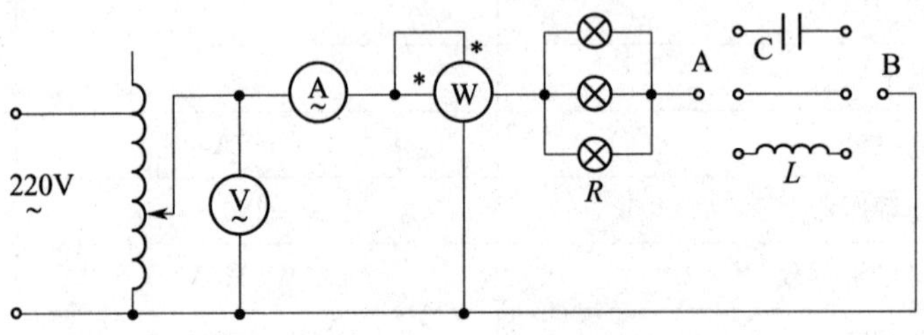

图 2-18-2 测功率电路

表 2-18-2 测量数据

A、B 间	U/V	U_R/V	U_L/V	U_C/V	I/A	P/W	cosϕ	负载性质
短接								
接入 C								
接入 L								
接入 L 和 C								

注：C 为 4.7μF/500V 电容，L 为 40W 日光灯镇流器。

七、作业

① 简述电路图 2-18-1 的相序检测原理。

② 根据 U、I、P 三表测定的数据，计算出 cos*ϕ*，并与 cos*ϕ* 表的读数比较，分析误差原因。

③ 分析负载性质与 cos*ϕ* 的关系。

④ 你有哪些收获与建议呢？

项目十九　三相笼式异步电动机

一、目的

① 熟悉三相笼式异步电动机的结构和额定值。

② 掌握检验异步电动机绝缘情况的方法。

③ 掌握三相异步电动机定子绕组首、末端的判别方法。

④ 掌握三相笼式异步电动机的启动和反转方法。

二、预备知识

1. 三相笼式异步电动机的结构

异步电动机是基于电磁原理，把交流电能转换为机械能的一种旋转电机。

三相笼式异步电动机的基本结构有定子和转子两大部分。

定子主要由定子铁芯、三相对称定子绕组和机座等组成，是电动机的静止部分。三相定子绕组一般有六根引出线，出线端装在机座外面的接线盒内，如图2-19-1 所示。根据三相电源电压的不同，三相定子绕组可以接成星形（Y）或三角形（△），然后与三相交流电源相连。

转子主要由转子铁芯、转轴、笼式转子绕组、风扇等组成，是电动机的旋转部分。小容量笼式异步电动机的转子绕组大都采用铝浇铸而成，冷却方式一般都采用扇冷式。

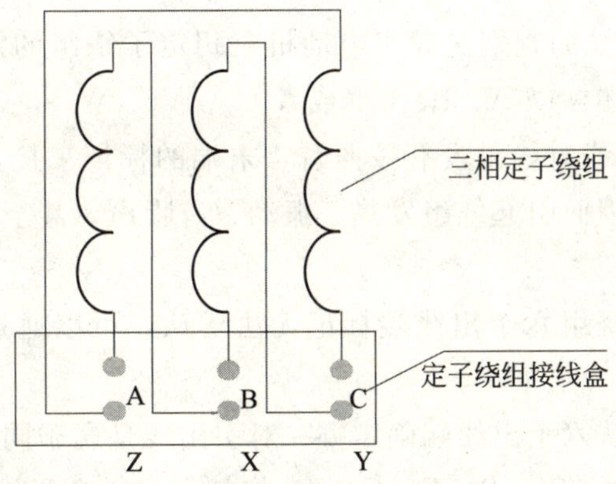

图 2-19-1　三相笼式异步电动机的定子绕组

2. 三相笼式异步电动机的铭牌

三相笼式异步电动机的型号、额定值标记在电动机的铭牌上。说明如下。

① 额定功率：额定运行情况下，电动机轴上输出的机械功率。

② 额定电压：额定运行情况下，定子三相绕组应加的电源线电压值。

③ 接法：定子三相绕组接法，当额定电压为380V/220V 时，应为 Y/△接法。

④ 额定电流：额定运行情况下，当电动机输出额定功率时，定子电路的线电流值。

⑤ 额定转速：指电动机在额定运行状态时，转子每分钟的转数。

⑥ 绝缘等级：指电机所用绝缘材料的耐热等级。

3. 三相笼式异步电动机的检查

电动机使用前应做必要的检查。

(1) 机械检查

检查引出线是否齐全、牢靠；转子转动是否灵活、匀称、有否异常声响等。

(2) 电气检查

① 用兆欧表检查电机绕组间及绕组与机壳之间的绝缘性能。电动机绕组间及绕组与机壳间的绝缘性能良好是保证电机正常运行的必要条件。绝缘性能的主要指标之一是绝缘电阻，在室温条件下应不低于 0.5MΩ。测量绝缘电阻可用兆欧表。对额定电压 1kV 以下的电动机，其绝缘电阻值最低不得小于 1000Ω/V。测量方法如图 2-19-2 所示。一般 500V 以下的中小型电动机最低应具有 2MΩ 的绝缘电阻。

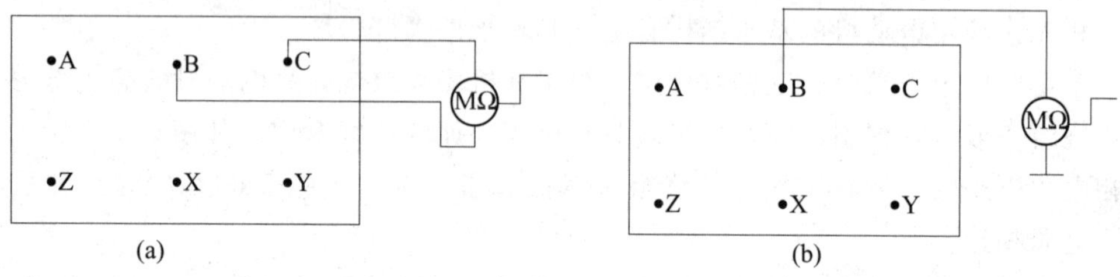

图 2-19-2　绝缘电阻测量线路

② 定子绕组首、末端的判别。异步电动机三相定子绕组的六个出线端有三个首端和三个末端。一般，首端标以 A、B、C（或者 U_1、V_1、W_1），末端标以 X、Y、Z（或者 U_2、V_2、W_2）。在接线时如果没有按照首、末端的标记来接，则当电动机启动时磁势和电流就会不平衡，因而引起绕组发热、振动、有噪声，甚至电动机不能启动，因过热而烧毁。

由于某种原因定子绕组六个出线端标记无法辨认，可以通过实验的方法来判别其首、末端（即同名端）。方法如下。

用万用电表欧姆挡从六个出线端确定哪一对引出线是属于同一相的，分别找出三相绕组，并标以符号，如 A、X；B、Y；C、Z。将其中的任意两相绕组串联，如图 2-19-3 所示。

将实验装置三相调压器手柄置零位，开启电源总开关，按下启动按钮，接通三相交流电源。调节三相调压器输出，使在相串联的两相绕组出线端施以单相低电压 $U=80\sim100$V，测出第三相绕组的电压，如测得的电压值有一定读数，表示两相绕组的末端与首端相连，如图 2-19-3(a) 所示。反之，如测得的电压近似为零，则两相绕组的末端与末端（或首端与首端）相连，如图 2-19-3(b) 所示。用同样方法可测出第三相绕组的首、末端。

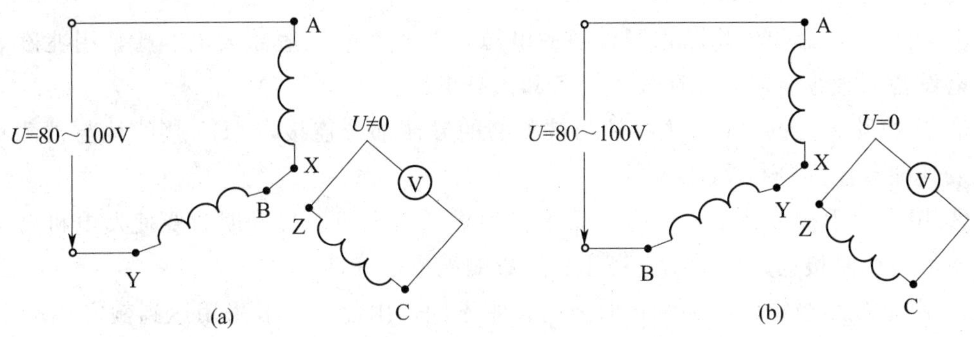

图 2-19-3　判别定子绕组首、末端

4. 三相笼式异步电动机的启动

笼式异步电动机的直接启动电流可达额定电流的 4～7 倍，但持续时间很短，不致引起电机过热而烧坏。但对容量较大的电动机，过大的启动电流会导致电网电压的下降而影响其他的负载正常运行。一般 10kW 以上的笼式异步电动机都要做降压启动，其中 Y-△换接启动是轻载或空载启动常用的方法，它可使启动电流减少到直接启动电流的 1/3，其使用的条件是正常运行必须做△接法。10kW 以下的笼式异步电动机一般可直接启动，但线绕式异步电动机则不论其大小，均不能直接启动，而必须在转子电路中串联启动电阻。

5. 三相笼式异步电动机的反转

异步电动机的旋转方向取决于三相电源接入定子绕组时的相序，故只要改变三相电源与定子绕组连接的相序，即可使电动机改变旋转方向。

6. 熟悉兆欧表的使用方法和注意事项

兆欧表，又称为摇表，是用来测量电气设备或配电线路相互绝缘的导电部分之间、导电部分与外壳之间绝缘电阻的一种仪表，以“兆欧”（MΩ）为计量单位。其主要组成是一台手摇发电机和磁电式流比计。磁电式流比计是一种特殊形式的磁电式测量机构，它有两个活动线圈，但没有产生反作用力矩的游丝。图 2-19-4 为其结构示意图。

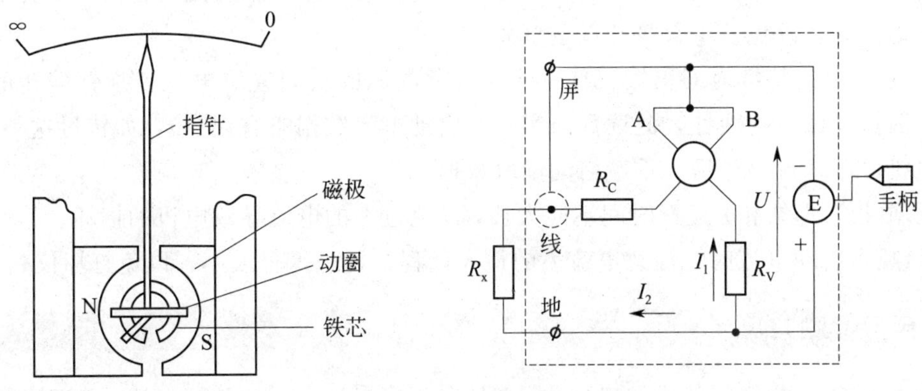

图 2-19-4　兆欧表结构原理示意图

其使用及注意事项如下。

① 测量前，必须先切断被测设备的电源，并将其接地短路放电。严禁用兆欧表测量带电设备的绝缘电阻，以防发生设备和人身事故。

② 将兆欧表上的“L”接线柱与被测物的导体部分连接，“E”接线柱与被测物的外壳或其他导体部分相接。

③ 用一只手按住兆欧表，另一只手转动手摇发电机。转动时，要使发电机转动均匀，不可时快时慢而造成输出电压不稳，影响测量准确性。

④ 由于被测绝缘电阻随测量时间的长短不同，因此，一般采用达到额定转速 1min 以后指针稳定时的读数为准。

⑤ 兆欧表测量时必须边摇边读数，停摇后指针的位置是随机的，此时的读数无意义。

⑥ 严禁用兆欧表测量人体电阻。

三、设备

序号	名　称	型号与规格	备注
1	三相调压器	380V、220V	
2	三相笼式异步电动机	JO_2-11-4	
3	兆欧表	ZC25　500V	
4	交流电压表	0～500V	
5	交流电流表	0～5A	
6	万用表	MF47	

四、注意事项

① 开始接线前（包括改接线路）必须断开电路的电源，特别是改接线路和拆线时，必须遵守“先断电，后拆线”的原则。电机在运转时，电压和转速均很高，切勿触碰导电和转动部分，以免发生人身和设备事故。

② 启动电流持续时间很短，且只能在接通电源的瞬间读取电流表指针偏转的最大读数（因指针偏转的惯性，此读数与实际的启动电流数据略有误差），如错过这一瞬间，需将电机停车，待停稳后，重新启动读取数据。

③ 单相（即缺相）运行时间不能太长，以免过大的电流导致电机的损坏。

④ 观测启动电流时，注意电流表的最大量程，切忌量程太小，以免打坏仪表。

五、预习检测与思考

① 电动机三相绕组的额定电压为 380V 时，应采用________（Y、△）接法。

② ________（万用表、兆欧表）可用来检测电气设备的绝缘情况。

③ 改变三相异步电动机的电源相序，可以使电动机的________（转向、转速）变化。

④ 三相异步电动机的六个引出线如何连接成Y形或△形？又根据什么来确定该电动机作Y接或△接？

⑤ 缺相是三相电动机运行中的一大故障，在启动或运转时发生缺相，会出现什么现象？有何后果？

⑥ 电动机转子被卡住不能转动，如果定子绕组接通三相电源，将会发生什么后果？

六、实训内容

1. 铭牌

抄录三相笼式异步电动机的铭牌数据，并观察其结构。

铭牌数据：型号______________　　接法______________

额定功率__________　　额定转速__________

额定电压__________　　额定电流__________

防护等级__________　　工作制____________

额定频率__________

2. 判别定子绕组的首、末端

用万用表判别定子绕组的首、末端。

3. 测量绝缘电阻

用兆欧表测量电动机的绝缘电阻。

各相绕组之间的绝缘电阻　　绕组对地（机座）之间的绝缘电阻

A相与B相__________（MΩ）　　A相与地（机座）__________（MΩ）

A相与C相__________（MΩ）　　B相与地（机座）__________（MΩ）

B相与C相__________（MΩ）　　C相与地（机座）__________（MΩ）

4. 笼式异步电动机的直接启动

(1) 采用380V三相交流电源

① 按图2-19-5接线，电动机三相定子绕组接成Y接法，供电线电压为380V，电路中Q_1即控制屏上的启动按钮，FU即实验装置的8A保险，操作者可从三相调压器输出端U、V、W端子开始接线。

② 按控制屏上启动按钮，电动机直接启动，观察启动瞬间电流冲击情况及电动机旋转方向，记录启动电流。当启动运行稳定后，将电流表量程切换至较小量程挡位上，记录空载电流。

启动电流=________A　　空载电流=________A

※③ 电动机稳定运行后，突然拆除U、W中的任一相电源（注意小心操作，以免触电），观测电动机做缺相运行时电流表的读数并记录之。再仔细倾听电机的运行声音有何变化。

缺相运行电流=________A

④ 电动机启动之前先断开 U、V、W 中的任一相，做缺相启动，观测电流表读数，记录之。观察电动机有否启动，再仔细倾听电动机有否发出异常的声响。

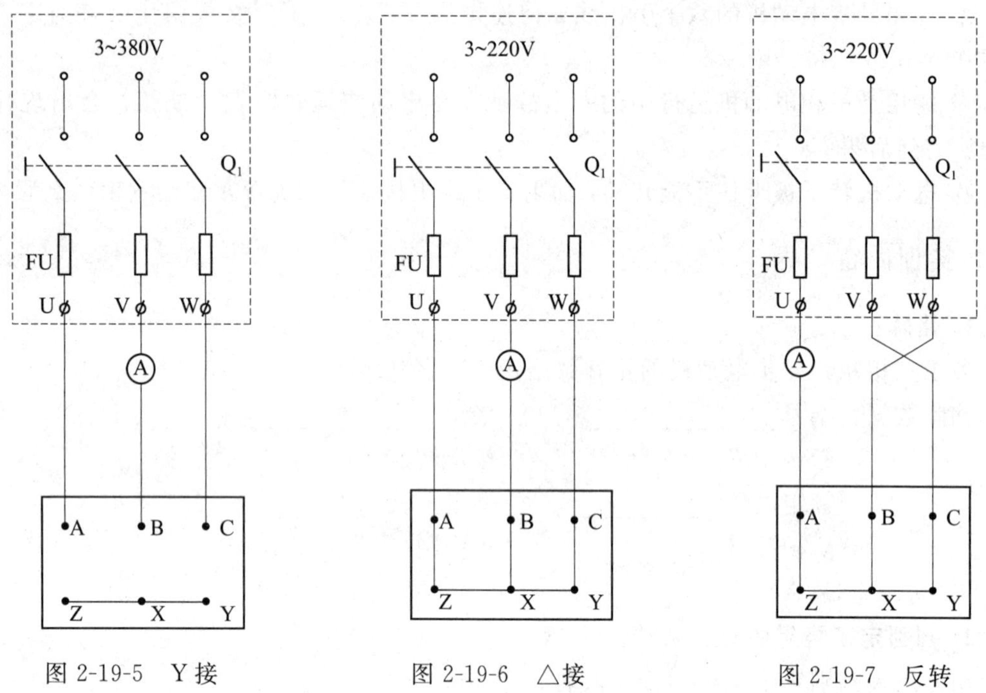

图 2-19-5　Y 接　　图 2-19-6　△接　　图 2-19-7　反转

缺相启动电流＝________ A

⑤ 观测完毕，按控制屏停止按钮，切断三相电源。

(2) 采用 220V 三相交流电源

调节三相调压器，使输出线电压为 220V，电动机定子绕组接成△接法。

按图 2-19-6 接线，重复 (1) 中各项内容，记录之。

5. 异步电动机的反转

电路如图 2-19-7 所示，按控制屏启动按钮，启动电动机，观察启动电流及电动机旋转方向是否反转？

观测完毕，将三相调压器手柄调回零位，按控制屏停止按钮，切断三相电源。

七、作业

① 总结对三相笼式电机绝缘性能检查的结果，判断该电机是否完好可用？

② 比较三相异步电动机 Y 和△接法的测量数据，可以说明什么？

③ 对三相笼式电动机的启动、反转及各种故障情况进行分析。

项目二十　三相笼式异步电动机的控制电路

一、目的

① 通过对三相笼式异步电动机控制线路的实际安装接线，掌握由电气原理图变换成安装接线图的技巧。

② 进一步加深理解点动控制和自锁控制的特点。

③ 加深对电气控制系统各种保护、自锁、互锁等环节的理解。

二、预备知识

1. 继电-接触控制

继电-接触控制在各类生产机械中获得广泛的应用，凡是需要进行前后、上下、左右、进退等运动的生产机械，均采用传统的典型的正、反转继电-接触控制。

交流电动机继电-接触控制电路的主要设备是交流接触器，其主要构造为：

① 电磁系统——铁芯、吸引线圈和短路环；

② 触头系统——主触头和辅助触头，还可按吸引线圈得电前后触头的动作状态，分动合（常开）、动断（常闭）两类；

③ 消弧系统——在切断大电流的触头上装有灭弧罩，以迅速切断电弧；

④ 接线端子、反作用弹簧等。

2. 自锁和互锁控制

在控制回路中常采用接触器的辅助触头来实现自锁和互锁控制。

要求接触器线圈得电后能自动保持动作后的状态，这就是自锁。通常用接触器自身的动合触头与启动按钮相并联来实现，以达到电动机的长期运行，这一动合触头称为“自锁触头”。

使两个电器不能同时得电动作的控制，称为互锁控制。如为了避免正、反转两个接触器同时得电而造成三相电源短路事故，必须增设互锁控制环节。为操作的方便，也为防止因接触器主触头长期大电流的烧蚀而偶发触头粘连后造成的三相电源短路事故，通常在具有正、反转控制的线路中采用既有接触器的动断辅助触头的电气互锁，又有复合按钮机械互锁的双重互锁的控制环节。

3. 控制按钮

控制按钮通常用以短时通、断小电流的控制回路，以实现近、远距离控制电动机等执行部件的启、停或正、反转控制。按钮是专供人工操作使用。对于复合按钮，其触点的动作规律是：当按下时，其动断触头先断，动合触头后合；当松手时，则动合触头先断，动断触头后合。

4. 故障保护

在电动机运行过程中，应对可能出现的故障进行保护。

采用熔断器作短路保护。当电动机或电器发生短路时，及时熔断熔体，达到保护线路、保护电源的目的。熔体熔断时间与流过的电流关系称为熔断器的保护特性，这是选择熔体的主要依据。

采用热继电器实现过载保护，使电动机免受长期过载之危害。其主要的技术指标是整定电流值，即电流超过此值的 20%时，其动断触头应能在一定时间内断开，切断控制回路，动作后只能由人工进行复位。

5. 故障处理

在电气控制线路中，最常见的故障发生在接触器上。接触器线圈的电压等级通常有 220V 和 380V 等，使用时必须认清，切勿疏忽，否则，电压过高易烧坏线圈，电压过低，吸力不够，不易吸合或吸合频繁，这不但会产生很大的噪声，也因磁路气隙增大，致使电流过大，也易烧坏线圈。此外，在接触器铁芯的部分端面嵌装有短路铜环，其作用是为了使铁芯吸合牢靠，消除颤动与噪声。若发现短路环脱落或断裂现象，接触器将会产生很大的振动与噪声。

三、设备

序号	名　　称	型号与规格	备　注
1	三相调压器	220V	
2	三相笼式异步电动机	JO_2-11-4	
3	交流接触器		
4	按　钮		
5	热继电器		
6	交流电压表	0～500V	
7	万用电表	MF47	

四、实验注意事项

① 接线要求牢靠、整齐、清楚、安全可靠。

② 操作时要胆大、心细、谨慎，不许用手触及各电气元件的导电部分及电动机的转动部分，以免触电及意外损伤。

③ 通电观察继电器动作情况时，要注意安全，防止碰触带电部位。

④ 控制回路接到电源上时，一定注意区分相电压与线电压，千万不能接错。

五、预习检测与思考

① 熔断器在电路中起________（短路、失压、过载）保护作用。

② 热继电器在电路中起________（短路、失压、过载）保护作用。

③ 交流接触器具有________（短路、失压、过载）保护作用。

④ 接触器线圈得电后能自动保持动作后的状态，这就是________（自锁、互锁）。

⑤ 交流接触器线圈的额定电压为220V，若误接到380V电源上会产生什么后果？反之，若接触器线圈电压为380V，而电源线电压为220V，其结果又如何？

⑥ 在主回路中，熔断器和热继电器两者可否只采用其中一种就可起到短路和过载保护作用？为什么？

六、实训内容

认识各电器的结构、图形符号、接线方法。

抄录电动机及各电器铭牌数据。

用万用表Ω挡检查各电器线圈、触头是否完好。

笼式异步电动机接成△接法，线路电源端接三相调压器输出端U、V、W，供电线电压为220V。

1. 点动控制

按图2-20-1点动控制线路进行安装接线。接线时，先接主电路，即从220V三相交流电源的输出端U、V、W开始，经接触器KM的主触头、热继电器FR的热元件，到电动机M的三个线端A、B、C，用导线按顺序串联起来。主电路连接完整无误后，再连接控制电路，即从220V三相交流电源某输出端（如V）开始，经过常开按钮SB1、接触器KM的线圈、热继电器FR的常闭触头到三相交流电源另一输出端（如W）。显然这是对接触器KM线圈供电的电路。

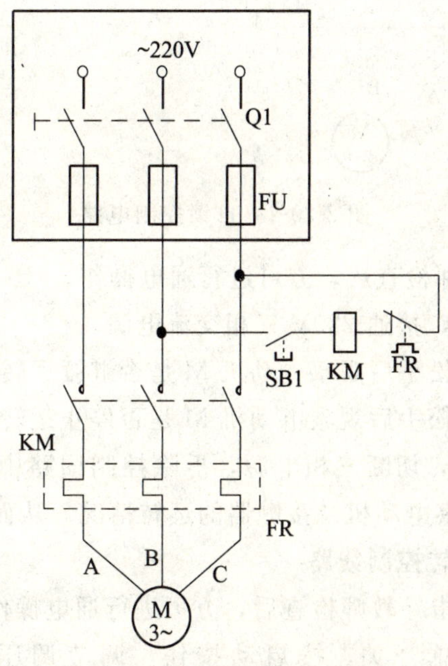

图2-20-1　点动控制线路

接好线路，经指导教师检查后，方可进行通电操作。

① 开启控制屏电源总开关，按启动按钮，调节调压器输出，使输出线电压为 220V。

② 按启动按钮 SB1，对电动机 M 进行点动操作。比较按下 SB1 与松开 SB1，电动机和接触器的运行情况。

③ 操作完毕，按控制屏停止按钮，切断电路的三相交流电源。

2. 自锁控制电路

按图 2-20-2 所示自锁线路进行接线，它与图 2-20-1 的不同点在于控制电路中多串联了一只常闭按钮 SB2，同时在 SB1 上并联了一对接触器 KM 的常开触头，它起自锁作用。

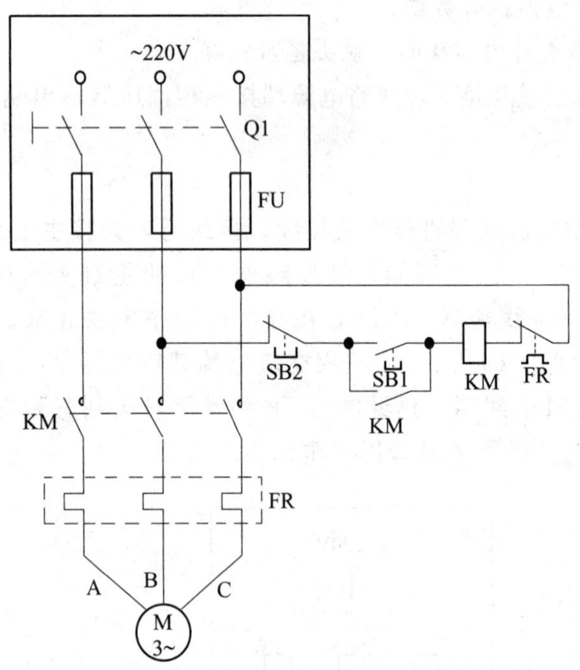

图 2-20-2　自锁控制电路

接好线路，经指导教师检查后，方可进行通电操作。

① 按控制屏启动按钮，接通 220V 三相交流电源。

② 按启动按钮 SB1，松手后观察电动机 M 是否继续运转。

③ 按停止按钮 SB2，松手后观察电动机 M 是否停止运转。

④ 按控制屏停止按钮，切断三相电源，拆除控制回路中自锁触头 KM，再接通三相电源。启动电动机，观察电动机及接触器的运转情况，从而验证自锁触头的作用。

3. 接触器联锁的正反转控制线路

按图 2-20-3 接线，经指导教师检查后，方可进行通电操作。

① 开启控制屏电源总开关，按启动按钮，调节调压器输出，使输出线电压为 220V。

② 按正向启动按钮 SB1，观察并记录电动机的转向和接触器的运行情况。

③ 按反向启动按钮 SB2，观察并记录电动机和接触器的运行情况。

④ 按停止按钮 SB3，观察并记录电动机的转向和接触器的运行情况。

⑤ 再按 SB2，观察并记录电动机的转向和接触器的运行情况。

⑥ 操作完毕，按控制屏停止按钮，切断三相交流电源。

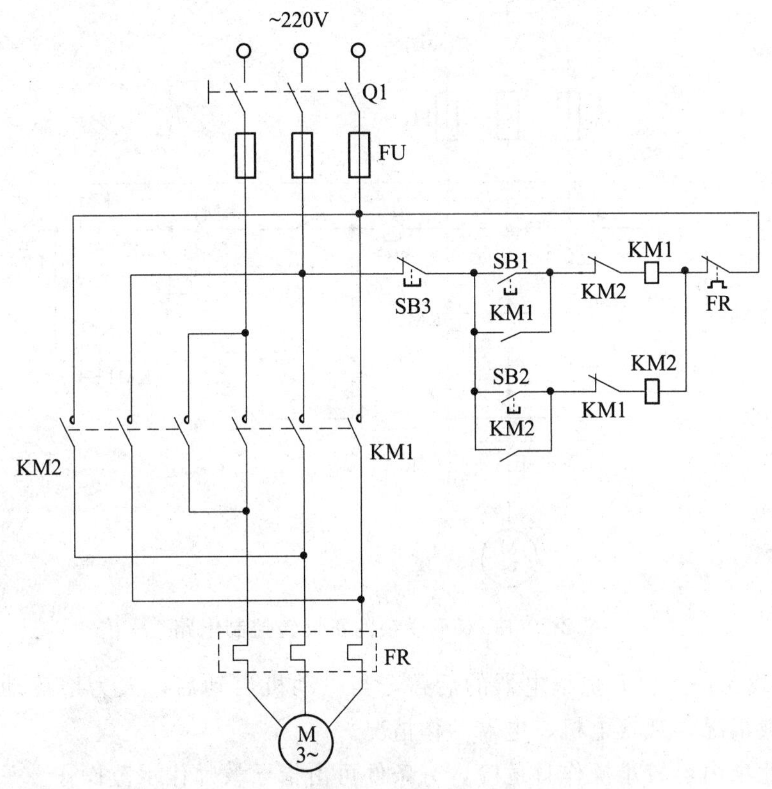

图 2-20-3 接触器联锁的正反转控制线路

4. 接触器和按钮双重联锁的正反转控制线路

按图 2-20-4 接线，经指导教师检查后，方可进行通电操作。

① 按控制屏启动按钮，接通 220V 三相交流电源。

② 按正向启动按钮 SB1，电动机正向启动，观察电动机的转向及接触器的动作情况。按停止按钮 SB3，使电动机停转。

③ 按反向启动按钮 SB2，电动机反向启动，观察电动机的转向及接触器的动作情况。按停止按钮 SB3，使电动机停转。

④ 按正向（或反向）启动按钮，电动机启动后，再去按反向（或正向）启动按钮，观察有何情况发生?

⑤ 电动机停稳后，同时按正、反向两只启动按钮，观察有何情况发生?

⑥ 失压与欠压保护

• 按启动按钮 SB1（或 SB2），电动机启动后，按控制屏停止按钮，断开线路三相电源，模拟电动机失压（或零压）状态，观察电动机与接触器的动作情况。随后，再按控制屏上启动按钮，接通三相电源，但不按 SB1（或 SB2），观察电动机能否自行启动？

• 重新启动电动机后，逐渐减小三相自耦调压器的输出电压，直至接触器释放，观察电动机是否自行停转。

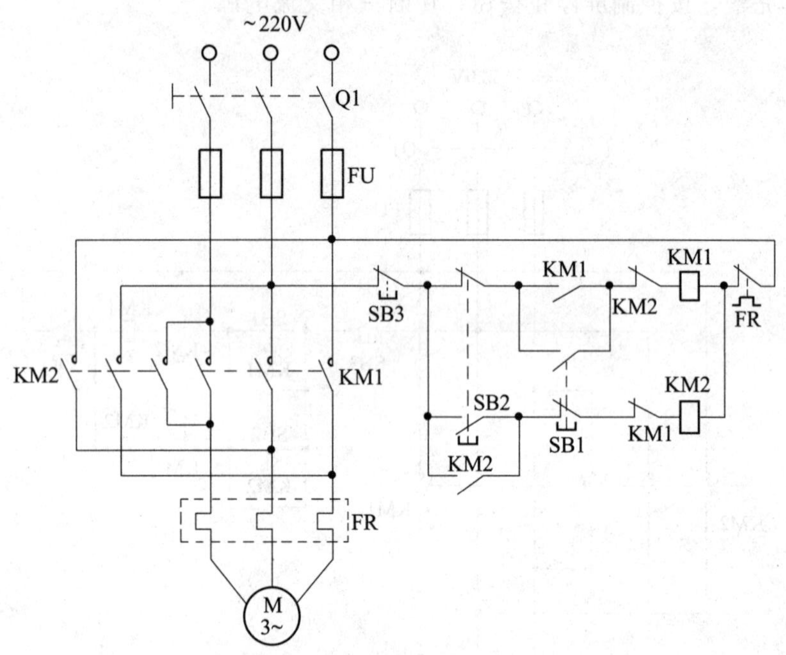

图 2-20-4 双重联锁的正反转控制电路

※⑦ 过载保护。打开热继电器的后盖，当电动机启动后，人为地拨动双金属片模拟电动机过载情况，观察电机、电器动作情况。

注意 此项内容较难操作且危险，有条件可由指导教师作示范操作。

操作完毕，将三相调压器调回零位，按控制屏停止按钮，切断三相交流电源。

七、故障分析

① 接通电源后，按启动按钮（SB1 或 SB2），接触器吸合，但电动机不转且发出“嗡嗡”声响；或者虽能启动，但转速很慢。你遇到这种故障了吗？说说这种故障的原因。

② 接通电源后，按启动按钮（SB1 或 SB2），若接触器通断频繁，且发出连续的“劈啪”声或吸合不牢，发出颤动声。此类故障原因可能是：

• 线路接错，将接触器线圈与自身的动断触头串在一条回路上了；

• 自锁触头接触不良，时通时断；

• 接触器铁芯上的短路环脱落或断裂；

• 电源电压过低或与接触器线圈电压等级不匹配。

如果遇到这类故障，如何检查处理？

附录　电工技术实训室仪表设备明细

设备名称	型号	规格
实验台	DGJ-3	
直流稳压源	SWY-30-3A	0～30V
	DW1714	0～30V
	APS3003-3D	0～30V
直流电压表	C31-V	45mV～600V
	C19-V	0.75～1.5～3V
	SH1831A	200mV～20V
直流电流表	C31-mA	100～1000mA
	SH1834B	20mA～2A
交流电压表	T19-V	300～600V
	SH1936C	20～1000V
	T15-V	75～150～300V
交流电流表	T19-A	0.5～1A
	T19-A	1ACA
	SH2330ACI	200mA～10A
	D26-A	5～10A
万用表	MF-30	
	MF-82	
	MF47	
	UT51	
低功率因数瓦特表	D34-W	150～300～600V
		2.5～5A
多功能瓦特表	EE2000A	0.3～2000W
功率因数表	D 26-cosϕ	110～220V
		1～2A
频率表	D3-Hz	100～127～220V
磁通表	CT1	
直流单臂电桥	QJ24	
直流双臂电桥	QJ44	
万能电桥	QS18A	
双踪示波器	SR-8	

双踪数字示波器	ADS1022C	25M 带宽
低频信号发生器	XD-2	0～5V
	AT8603B	1Hz～3MHz
晶体管毫伏表	DA-16	1mV～300V
晶体管毫伏表	SH2171	30μV～300V
可变电容箱	KTDR-2	0.1～24uF
自耦调压器	TDGC-2	0～240V
单相变压器	BK-100	220、380V/6.3、36、127V
三相异步电动机	JO_2-11-4	
兆欧表	ZC25	
转速表	LZ-45	
	VC6234P	
钳形表	MG26	
	UT201	
滑线变阻器	BX7-11	240Ω　1A
可变电阻箱	ZX21	

参考文献

[1] 秦曾煌．电工学．上册，电工技术．北京：高等教育出版社，2010.

[2] 文春帆，金受非．电工仪表与测量．北京：高等教育出版社，2006.

[3] 王继辉．电工技术．北京：化学工业出版社．2010.